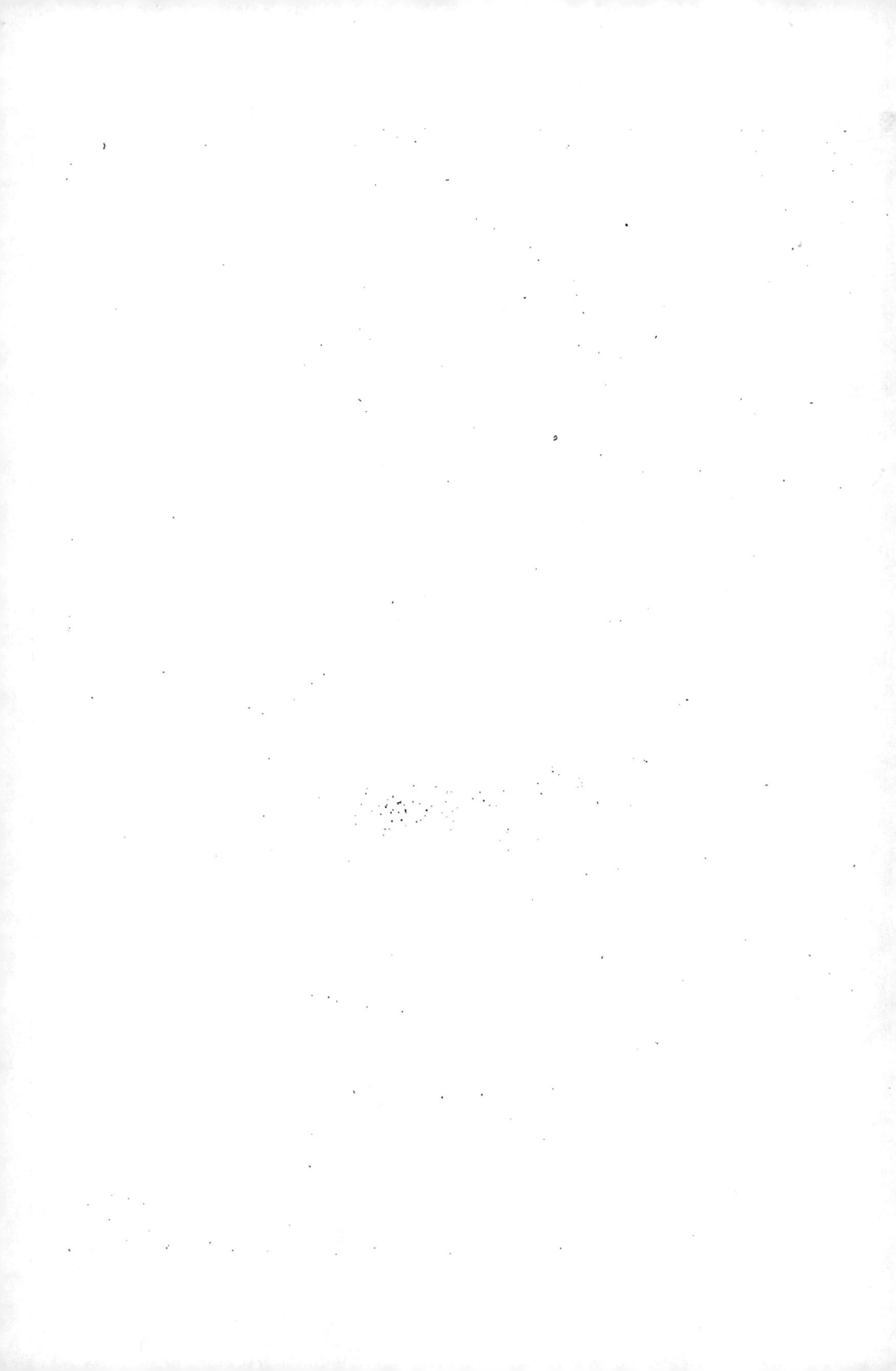

LES

ÉTABLISSEMENTS

D'INSTRUCTION ET D'ÉDUCATION MILITAIRES

EN BELGIQUE

ARLON — IMPRIMERIE PONCIN

LES
ÉTABLISSEMENTS.
D'INSTRUCTION ET D'ÉDUCATION MILITAIRES
EN BELGIQUE

avec une notice sur les cours particuliers donnés

dans les régiments

par

F. BRANLE
CAPITAINE AU 2ᵉ RÉGIMENT DE CHASSEURS A PIED

DEUXIÈME ÉDITION.

BRUXELLES
C. MUQUARDT
HENRI MERZBACH, successeur
Libraire-Éditeur de la Cour

Même maison à GAND et à LEIPZIG

PARIS
J. DUMAINE
Libraire-Éditeur
39, Rue et passage Dauphine

BERLIN
E.-S. MITTLER und. SOHN
Kœnigliche Hofbuchhandlung

1872

PRÉFACE.

A une époque où la question de l'instruction obligatoire et gratuite est partout à l'étude, nous avons pensé qu'il ne serait pas sans utilité de résumer en quelques chapitres tout ce qui a été fait, jusqu'ici, dans notre armée, pour élever le niveau intellectuel de nos concitoyens qui, volontairement ou obligatoirement, ont l'honneur de passer un certain temps sous les drapeaux.

L'art de la guerre exigeant aujourd'hui une préparation qui réclame, de la part des officiers, l'étude des sciences exactes, de l'histoire, de la géographie, du droit des gens, des langues modernes, etc.; et, de la part des soldats, la connaissance des éléments d'une bonne instruction primaire, présente ce précieux avantage de contribuer puissamment au développement des facultés intellectuelles et morales de tous ceux qui, dans des conditions différentes, passent par les rangs de l'armée. On admettra aisément que l'instruction donnée aux militaires dans le but de les initier aux nécessités et aux actes de la guerre, ne dût-elle être que défensive comme en Belgique, atteint encore le but que se proposent les penseurs et les philanthropes qui considèrent l'instruction comme le remède le plus efficace contre les agitations dont souffre la société moderne. Déjà, à ce point de vue, estimons-nous que l'armée trouvera grâce devant les quelques personnes qui n'ont pu être encore converties au principe des armées permanentes par les derniers événements, et qui démontrent avec d'autant plus d'énergie et souvent de talent, l'inutilité de nos moyens de défense, que les causes de guerre deviennent plus fréquentes en Europe.

Maintenant, si nous nous plaçons à un point de vue purement militaire, nous avons d'autant plus de satisfaction à soumettre ce livre à l'appréciation du public, qu'il fournira la preuve, nous l'espérons du moins, qu'avant la dernière guerre franco-allemande, nos ministres et nos généraux avaient compris la nécessité de répandre l'instruction dans l'armée. Nous pouvons affirmer qu'en Belgique, avant 1870, il n'avait pas seulement été jugé indispensable de modifier notre artillerie et de changer notre système de défense, mesures que nous devons à la sagacité et à la prévoyance de S. M. Léopold Ier, secondé par le ministre de la guerre d'alors, le lieutenant-général Chazal, mais que déjà le lieutenant-général Goethals avait, par des circulaires et des arrêtés ministériels, décrété l'instruction obligatoire pour les sous-officiers et les soldats belges. On voit que, sous bien des rapports, l'armée a eu constamment le désir de suivre, dans le cadre imposé par les nécessités de son institution, les progrès réalisés ou simplement entrevus, et qu'elle mérite à ce titre la confiance que le pays sait lui accorder.

Sans doute, la grande guerre entre la Prusse et la France nous a fait voir quelle distance nous sépare encore, sous le rapport de l'organisation et de l'instruction de la première de ces puissances, mais ce qu'elle ne nous a pas démontré, c'est que, jusqu'ici, nous ayons fait fausse route. Le but à atteindre aujourd'hui est bien celui vers lequel tendaient nos efforts, et l'instruction à tous les degrés reste, comme l'avaient pensé nos ministres, avant 1870, une des principales conditions de succès des armées modernes. En ceci, nous marchons donc sur les traces de la Prusse.

Depuis le terrible enseignement donné au monde par ces derniers événements, notre ministre de la guerre actuel a imprimé une plus grande impulsion encore à l'instruction. Par la création, en 1869, d'une École de guerre, le lieutenant-général Renard venait de modifier le mode de recrutement de notre état-major; par la création d'une École de sous-officiers et l'institution de cours particuliers pour MM. les lieutenants et sous-lieutenants d'infanterie et de cavalerie, le lieutenant-général Guillaume a modifié les règles de l'avancement au choix et établi que l'instruction et l'éducation militaires constituent les meilleurs titres des sous-officiers et des officiers à l'obtention de nouveaux grades.

Après avoir donné une idée aussi exacte que possible des progrès réalisés dans notre armée au point de vue de l'instruction, nous dirons la date de création de nos différents établissements militaires, et les noms des généraux à l'initiative desquels nous devons d'en être dotés. Nous espérons que notre travail sera favorablement accueilli, car il est un témoignage des efforts que notre armée ne cesse de faire pour mériter la confiance du pays, et apprendre à le défendre un jour si des complications extérieures nous jetaient dans quelque grand conflit. Il démontrera encore, croyons-nous, que nos concitoyens, qui ont passé quelques années sous les armes et qui sont rendus à la vie civile, ont pu acquérir, grâce à l'initiative et au dévouement des officiers, sinon l'instruction qui leur faisait entièrement défaut, du moins une nouvelle somme de connaissances utiles.

Tournai, octobre 1872.

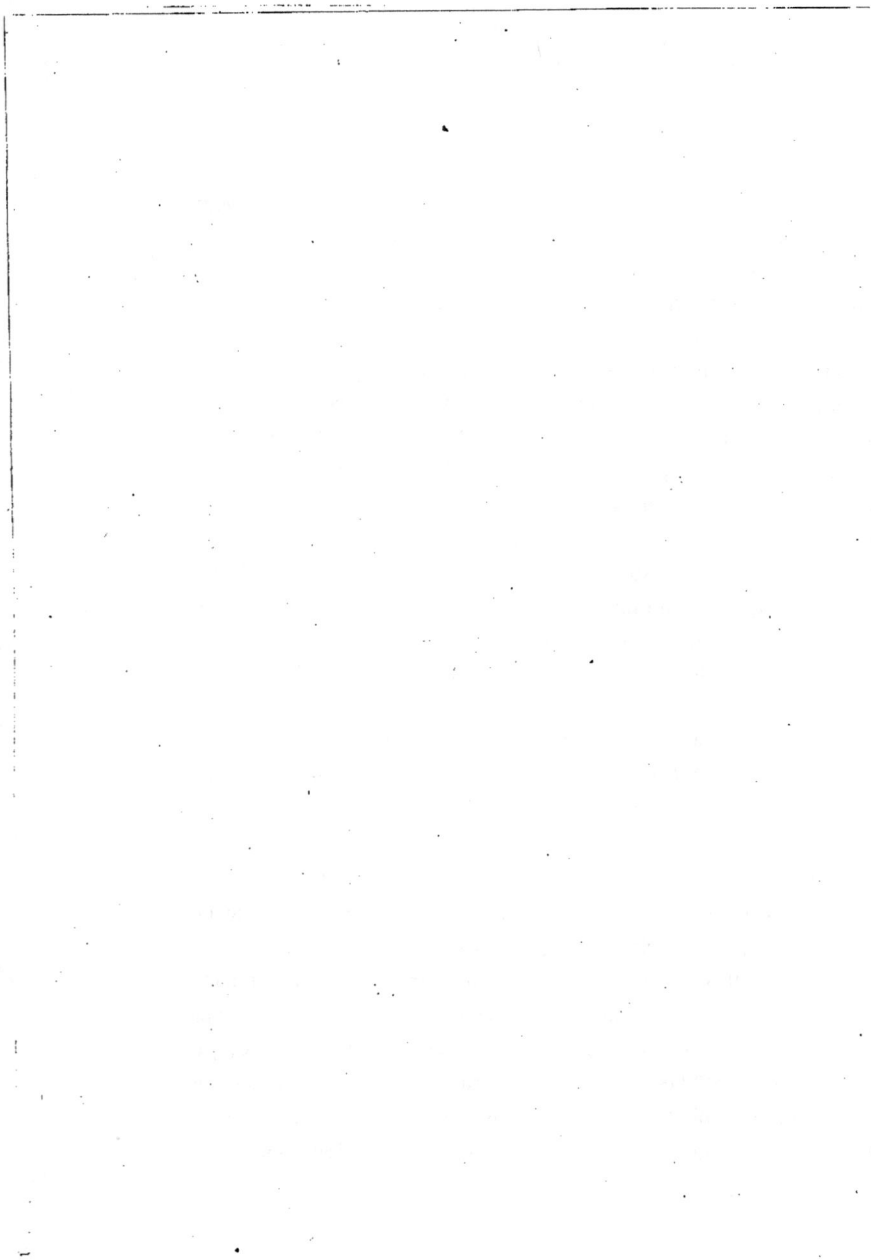

ACADÉMIE MILITAIRE.

L'École militaire, l'École de guerre, l'École de sous-officiers et l'École de cavalerie, réunies, forment en Belgique l'*Académie militaire*.

L'ÉCOLE MILITAIRE.

La loi portant organisation définitive de l'École militaire en Belgique est du 18 mars 1838; elle établit que l'École est destinée à former des officiers pour les armes de l'infanterie, de la cavalerie, de l'artillerie et du génie, pour le corps d'état-major et pour la marine.

L'École, à sa création, eut pour chef le lieutenant-colonel Chapelié, du corps d'état-major, qui, plus tard, devint lieutenant-général, et qui conserva ce haut commandement jusqu'à l'époque de sa mise à la pension. Ce fut le lieutenant-général Nerenburger qui lui succéda. L'École militaire est aujourd'hui commandée par le colonel Liagre, du corps du génie, membre de l'Académie royale de Belgique, officier très-estimé dans le monde des savants.

Le lieutenant-général Chapelié donna un grand renom à l'établissement dont nous parlons, par la direction qu'il y sut imprimer aux études et par la fermeté avec laquelle il y établit les règles du devoir et de la discipline. Les traditions qu'il y a laissées seront longtemps maintenues et honorées par les professeurs et les élèves.

2

Nous croyons faire acte de reconnaissance et être l'organe des anciens élèves de l'Ecole, en rappelant au souvenir des nouvelles générations d'officiers, la biographie du savant général auquel notre pays doit son principal établissement d'instruction militaire.

« Jean-Jacques-Edouard Chapelié, débuta dans la carrière militaire en servant glorieusement, pendant plusieurs années, la France, son pays natal. Né à Marseille, le 13 octobre 1792, il entra le 1er novembre 1812, à l'École polytechnique, dont il fut un des élèves les plus distingués. Admis comme lieutenant d'état-major en 1819, il fut employé dans ce grade à l'état-major général du 4e corps de l'armée des Pyrénées, le 3 mars 1823, et quelques mois plus tard, au corps d'armée d'occupation en Espagne. Il se fit remarquer bientôt par sa très-grande activité, sa bravoure et une haute intelligence. Il se distingua particulièrement à la défense de Vich.

» Ses services en Espagne lui valurent la croix de la Légion d'honneur, le grade de capitaine au choix et les décorations de St-Ferdinand et de Charles III. Il fit partie de l'expédition d'Afrique contre Alger. Il trouva l'occasion de s'y distinguer de nouveau, et dut à sa belle conduite d'être cité dans le rapport du général en chef, en date du 1er avril 1830.

» Le 6 septembre suivant, le capitaine Chapelié fut nommé chef d'escadron d'état-major, et quelques jours plus tard, il obtint le grade d'Officier de la Légion d'honneur.

» Peu après les événements politiques de 1830, Chapelié fut envoyé en mission en Belgique, sous les ordres du général Desprez. A son arrivée, il fut nommé lieutenant-colonel, et chargé des fonctions de sous-chef de l'état-major général, fonctions qu'il a remplies provisoirement pendant onze mois, et qui lui furent officiellement confiées par arrêté royal du 12 octobre 1832. Ce grade, il le conserva dans l'armée française jusqu'en 1841, époque à laquelle il fut démissionné honorablement et promu au grade de Commandeur de la Légion d'honneur.

» Chapelié avait su mériter l'estime du roi Léopold, et la Belgique était devenue sa patrie adoptive. C'est en 1834 qu'il accepta la mission d'organiser une École militaire pour toutes les armes. Il se consacra tout entier à sa tâche. Grâce à son zèle infatigable, à son dévouement sans bornes, l'École militaire belge est élevée maintenant, sous le rapport de l'organisation et des résultats, à la hauteur des écoles les plus estimées de l'Europe. Il a rendu à la Belgique, et en particulier à l'armée belge, des services dont la grandeur est inappréciable, et dont le souvenir rend sa mémoire chère à tout jamais. »

Notre École militaire présente en plusieurs points une grande analogie avec les établissements similaires de France, d'Italie et de Hollande. Elle en présente moins avec ceux qui existent en Prusse où l'on compte six écoles de cadets, une école principale à Berlin, et enfin six écoles militaires par lesquelles les candidats doivent passer avant d'être promus au grade d'officier. Dans ces derniers établissements, les cours durent dix mois et sont consacrés aux études pratiques et purement militaires.

Depuis 1869, un arrêté royal du 12 novembre, contre-signé par le lieutenant-général Renard, a changé les dispositions qui réglaient les études des officiers du corps d'état-major, et décidé qu'en vertu de la loi du 5 avril 1868 sur la réorganisation militaire, l'École militaire ne formerait plus d'officiers pour le corps précité. On verra à l'article « École de guerre, » laquelle a été instituée pour compléter les hautes études des officiers qui désirent se perfectionner dans l'art de la guerre, les nouvelles conditions d'admission dans le corps de l'état-major.

PROGRAMME

DES CONDITIONS ET CONNAISSANCES EXIGÉES POUR L'ADMISSION A L'ÉCOLE MILITAIRE.

L'École militaire est distinée à former des officiers pour les armes :

> De l'infanterie,
> De la cavalerie,
> De l'artillerie,
> Et du génie.

La durée du cours d'instruction est de deux ans pour l'infanterie et la cavalerie ; elle est de quatre ans pour les autres armes.

Nul ne peut être admis à l'École que par voie de concours.

Conditions du concours.

Nul ne peut être admis au concours s'il n'a préalablement justifié :

1° Qu'il est Belge ou naturalisé ;

2° Qu'il a plus de seize ans et qu'il en comptait moins de vingt au 1er janvier de l'année courante.

Par exception, les militaires des corps de l'armée sont admis à concourir pour les services militaires jusqu'à l'âge de 25 ans.

Les candidats en prenant inscription doivent déposer leur acte de naissance.

Ils présentent au moment de l'examen :

Un certificat de vaccine délivré par un officier de santé ;

Un certificat de l'administration communale de leur domicile constatant leur bonne conduite.

Ces pièces et l'acte de naissance doivent être légalisés.

Les concours pour les armes spéciales, pour l'infanterie ou la cavalerie, sont distincts. Les listes d'inscription sont différentes, et les examens ont lieu à des époques plus ou moins éloignées, et annoncées dans le *Moniteur officiel*, au moins trois mois d'avance. L'examen subi pour les armes spéciales, quel qu'il soit, ne peut faire classer le candidat dans la liste du concours pour l'infanterie et la cavalerie.

Chaque candidat reçoit du président du jury une lettre qui lui fait connaître le jour de son examen. Cette convocation a lieu de manière que les candidats puissent être visités par une commission médicale avant de subir leurs épreuves.

CONNAISSANCES EXIGÉES.

A. *Armes spéciales.*

(Artillerie, génie.)

I. Mathématiques.

a. *Arithmétique.*

Numération décimale. — Exposition des différents systèmes de numération (1).

Nombres entiers. — Les quatre opérations fondamentales appliquées aux nombres entiers. — Le produit de plusieurs nombres entiers ne change pas quand on intervertit l'ordre des facteurs. — Pour diviser un nombre entier par le produit de plusieurs facteurs, il suffit de diviser successivement par les facteurs de ce produit. — Caractères de divisibilité relatifs aux nombres 2, 3, 4, 5, 6, 8, 9 et 11. — Des nombres premiers et des nombres premiers entre eux. — Trouver le plus grand commun diviseur de deux nombres. — Tout nombre qui divise le produit de deux facteurs et qui est premier avec l'un des facteurs, divise l'autre. — Décomposition d'un nombre en ses facteurs premiers.

Fractions ordinaires. — Réduction d'une fraction à sa plus simple expression. — Réduction de plusieurs fractions au même dénominateur. — Plus petit dénominateur commun. — Opérations sur les fractions ordinaires.

Nombres décimaux. — Opérations. — Réduire une fraction ordinaire en fraction décimale. — Fractions périodiques. — Une fraction périodique étant donnée, trouver la fraction ordinaire génératrice.

Nombre complexes. — Opérations.

Système complet des poids et mesures métriques.

(1) L'impossibilité de spécifier dans chaque branche des mathématiques toutes les propositions qui s'y rapportent entraîne, comme conséquence, l'obligation, pour les candidats, d'être en état de répondre aux questions qui leur seront adressées sur toute proposition dont le concours peut être invoqué dans la démonstration d'une quelconque des propositions mentionnées dans le programme.

Extraction de la racine carrée et de la racine cubique d'un nombre entier. — Carré et cube d'une fraction. — Racine carrée d'une fraction ordinaire et d'un nombre décimal, à une unité près, d'un ordre donné. Théorie des rapports et des proportions. — Intérêts simples, escomptes, mélanges et alliages, etc. — Solution par la méthode dite de réduction à l'unité, des questions dans lesquelles on considère des quantités qui varient dans le même rapport ou dans un rapport inverse.

b. Algèbre.

Calcul algébrique. — Les quatre opérations fondamentales appliquées aux monômes et aux polynômes. — Théorie élémentaire du plus grand commun diviseur algébrique. — Équations du premier degré. — Résolution des équations numériques du premier degré à une et à plusieurs inconnues. — Interprétation des valeurs négatives dans les problèmes. — Des cas d'impossibilité et d'indétermination. — Formules générales pour la résolution d'un système d'équations du premier degré à plusieurs inconnues. — Discussion de ces formules pour un système d'équations du premier degré à deux inconnues. — Formation du carré et du cube de la somme de deux nombres. — Extraction de la racine carrée des nombres et des quantités algébriques.

Extraction de la racine cubique d'un nombre. — Calcul des radicaux du second degré. — Équation du second degré à une inconnue. — Résolution. — Discussion. — Propriétés des trinômes du second degré. — Problèmes donnant lieu à des équations du second degré, à une inconnue. — Discussion des solutions. — Question de maximum que l'on peut résoudre par le second degré. — Équations réductibles au second degré. — Solution. — Réduction de l'expression $\sqrt{a \pm \sqrt{b}}$. — Calcul des radicaux. — Calcul des quantités affectées d'exposants fractionnaires. Progressions arithmétiques et géométriques. — Terme général. — Sommation des termes. — Permutations et combinaisons. — Développement des puissances entières et positives d'un binôme. — Terme général. — Équations indéterminées du premier degré, à deux et à un plus grand nombre d'inconnues. — Solution. — Théorie analytique des

fractions continues. — Équation exponentielle. — Théorie des logarithmes. — Logarithmes népériens. — Logarithmes vulgaires. — Ce
qu'on appelle module d'un système de logarithmes. — Usage des logarithmes vulgaires. — Caractéristiques négatives. — Usage des tables
de Callet. — Application des logarithmes.

c. *Géométrie élémentaire.*

FIGURES PLANES.

Définitions. — Axiomes. — Angles. — Cas d'égalité des triangles. —
Propriétés des perpendiculaires et des obliques. — Théorie des paral-
lèles (1). — Somme des angles d'un triangle et d'un polygone quelconque.
— Propriétés des parallélogrammes.

Propriétés du cercle et des figures qui résultent de sa combinaison
avec la ligne droite. — Mesure des angles. — Problèmes.

Évaluation des aires planes. — Propriétés principales des triangles.
— Lignes proportionnelles. — Figures semblables.

Des polygones réguliers et de la mesure du cercle. — Rapport du
diamètre à la circonférence. — Problèmes.

FIGURES DANS L'ESPACE.

Des plans et des angles solides. — Des polyèdres. — De la sphère. —
Des figures tracées sur la sphère. — Des trois corps ronds. — Mesure
de leurs surfaces. — Mesure de leurs volumes.

d. *Trigonométrie.*

TRIGONOMÉTRIE RECTILIGNE.

Lignes trigonométriques. — Relation entre les lignes trigonométriques
d'un même angle. — Arcs multiples correspondant à une même ligne

(1) La théorie des parallèles est indivisible. Les candidats devront l'exposer d'après l'auteur qu'ils auront
suivi.

trigonométrique. — Formules fondamentales. — Formules principales qui se déduisent des formules fondamentales. — Rendre calculable par logarithmes la somme ou la différence de deux lignes trigonométriques. — Construction des tables trigonométriques. — Usage des tables de Callet. — Résolution des triangles rectangles et des triangles quelconques.

TRIGONOMÉTRIE SPHÉRIQUE.

Formules générales. — Analogie de Néper. — Formules relatives aux triangles rectangles. — Résolution des triangles quelconques.

Application. — Connaissant les latitudes et longitudes de deux points du globe, trouver la distance de ces points.

e. Géométrie analytique à deux dimensions.

Homogénéité des expressions algébriques. — Construction des expressions algébriques. — Problèmes déterminés. — Coordonnées rectilignes. — Leur transformation. — Construction et discussion des équations du premier et du second degré à deux variables. — Réduction de l'équation générale du second degré. — Propriétés des courbes du second degré. — Coordonnées polaires. — Intersection de deux courbes du second degré. — Problèmes.

f. Géométrie descriptive.

NOTIONS PRÉLIMINAIRES.

Représentation graphique du point, de la droite et du plan. — Des différentes positions que le point, la droite et le plan peuvent avoir par rapport aux plans de projection. — Des différentes positions que deux droites, deux plans, une droite et un plan peuvent avoir entre eux. — Propriétés relatives à ces positions; leur démonstration.

Problèmes relatifs au point, à la droite et au plan. — Par un point donné dans l'espace, mener une droite parallèle à une droite donnée et trouver la grandeur d'une partie de cette droite. — Par un point donné, mener un plan parallèle à un plan donné.

Construire le plan qui passe par trois points donnés dans l'espace. — Deux plans étant donnés, construire les projections de leur intersection. — Une droite et un plan étant donnés, trouver les projections du point où la droite rencontre le plan.

Par un point donné, mener une perpendiculaire à un plan donné et construire les projections du point de rencontre de la droite et du plan. — Par un point donné, mener une perpendiculaire à une droite donnée et construire les projections du point de rencontre des deux droites.

Un plan étant donné, trouver les angles qu'il forme avec les plans de projection.

Deux plans étant donnés, construire l'angle qu'ils forment entre eux.

Deux droites qui se coupent étant données, construire l'angle qu'elles forment entre elles. — Construire l'angle formé par une droite et par un plan donnés de position dans l'espace.

g. Dessin.

Les candidats auront à copier une tête ou un paysage d'après un modèle qui leur sera donné.

B. INFANTERIE & CAVALERIE.

Arithmétique, géométrie et *trigonométrie rectiligne;* comme pour les armes spéciales.

Algèbre; mêmes matières que pour les armes spéciales, excepté les équations indéterminées et les fractions continues. — Dans le calcul des radicaux et des quantités affectées d'exposants fractionnaires, on ne considérera que les valeurs arithmétiques de ces expressions.

Dessin; comme pour les armes spéciales.

Pour tous les candidats :

II. Connaissances littéraires. — Histoire. — Géographie.

h. *Langue française.* — Les candidats feront une analyse grammaticale et littéraire sur un sujet donné.

i. *Langue latine*, ou l'une des trois langues *flamande*, *allemande* ou *anglaise*.

Pour le latin, les candidats feront un thème et ils traduiront un morceau en prose d'un auteur latin, de la force de ceux qu'on explique en troisième. (La traduction sans dictionnaire.)

Pour la langue flamande, la langue allemande ou la langue anglaise, les candidats doivent savoir expliquer, à livre ouvert, un texte facile, et répondre, dans la langue sur laquelle ils sont interrogés, à des questions faciles qui leur sont adressées dans cette langue.

k. *Histoire et géographie.* — Les candidats devront connaître l'histoire et la géographie de la Belgique, et posséder des notions d'histoire et de géographie générales.

Ils devront être à même de dessiner de mémoire, sur le tableau, le contour des principales parties du globe, ainsi que le contour d'une province quelconque de la Belgique, avec ses routes principales et ses rivières.

Il y a deux espèces d'examen :

L'examen de vive voix et l'examen par écrit.

On a pu reconnaître, d'après les examens d'admission qui ont eu lieu les années précédentes, que plusieurs candidats négligent diverses parties du programme et en considèrent d'autres comme de nul intérêt. Il arrive, par exemple, que des jeunes gens se présentent à l'épreuve du dessin sans en posséder les premières notions.

Les candidats sont prévenus que, dorénavant, le jury et les professeurs chargés des appréciations attacheront de l'importance à *toutes* les parties du programme. Une cote de mérite correspondant à *assez bien* a été fixée d'avance, et tout candidat qui, dans une de ces parties, n'aurait pas obtenu la cote absolue correspondante, ne pourrait être compris dans le classement.

Conditions pour l'entrée à l'École.

Les élèves, en entrant dans la deuxième année d'études, doivent contracter l'engagement de servir huit ans, à dater du jour de passage à cette division.

Les candidats sont convoqués par le commandant de l'École. Tout candidat nommé élève qui ne s'est pas présenté à lui dans le délai de quinze jours après l'époque de l'ouverture des cours qui lui a été notifiée, est considéré comme démissionnaire.

Bourses et demi-bourses.

Des bourses ou des demi-bourses peuvent être accordées :

1° Aux militaires qui, après deux ans de service au moins, auront subi les examens d'admission ;

2° Aux fils de fonctionnaires et d'employés militaires, ainsi que d'autres personnes qui ont rendu des services à l'État ;

3° Aux jeunes gens qui ont subi leurs examens d'une manière très-distinguée.

Les demandes pour l'obtention des bourses ou demi-bourses, dont la collation appartient au Roi, devront être présentées au plus tard au moment de l'examen.

Ces demandes doivent être accompagnées :

1° D'un certificat constatant que les parents sont hors d'état de payer la pension ;

2° D'une déclaration précise de la fortune du réclamant, faite devant l'autorité locale et certifiée par elle, énonçant d'une manière détaillée les revenus et les moyens d'existence, de quelque nature qu'ils soient, le nombre, l'âge, le sexe des enfants et toutes les autres charges.

Si la bourse ou la demi-bourse est réclamée à titre de services rendus à l'État par le père du candidat, il devra être fourni, en outre, un état de service approuvé par l'autorité compétente.

Dans tous les cas, les bourses sont accordées pour la première année seulement. Cette faveur ne peut être maintenue pendant la seconde année, qu'autant que l'élève qui en est l'objet s'en rende digne, tant par sa bonne conduite que par ses succès dans ses études.

PROGRAMME DES MATIÈRES

ENSEIGNÉES A L'ÉCOLE MILITAIRE ET DISTRIBUTION DU TEMPS.

ARMES SPÉCIALES *(4 années d'étude.)*

1re
année d'étude.
- Calcul différentiel, 18 leçons.
- Algèbre, 16 leçons.
- Analyse algébrique, 6 leçons.
- Géométrie analytique à trois dimensions, 18 leçons.
- Suite du calcul différentiel, 11 nouvelles leçons.

Calcul intégral (2e année d'étude) 34 leçons.

Mécanique analytique (1re année, 10 leçons. — 2e année, 46 leçons).

Géométrie descriptive (1re année, 67 leçons. — 2e année, 55 leçons).

Physique (1re année, 40 leçons. — 2e année, 30 leçons).

Chimie (1re année, 40 leçons. — 2e année, 40 leçons).

2e
année d'étude.
- Astronomie, 24 leçons.
- Géologie, 19 leçons.

Hygiène militaire (1re année, 16 leçons. — 2e année, 28 leçons).

Langue française (1re année, 25 leçons. — 2e année, 25 leçons).

Langue flamande (1re année, 36 leçons. — 2e année, 44 leçons).

Langue allemande (1) (1re année, 40 leçons. — 2e année, 40 leçons).

(1) Les élèves qui, en entrant à l'École, sont suffisamment préparés pour suivre le cours de la 2e année, reçoivent, pendant leur 2e année d'étude, un *cours supérieur* d'histoire et de littérature allemande. La même chose pour la langue anglaise.

Langue anglaise (1ʳᵉ année, 40 leçons. — 2ᵉ année, **40** leçons).

3ᵉ année d'étude
ou
1ʳᵉ année d'application.
{ Topographie, 16 leçons.
Construction des cartes et gnomonique, 8 leçons.

4ᵉ année d'étude
ou
2ᵉ année d'application.
{ Géodésie, 16 leçons.
Probabilités, 15 leçons.

3ᵉ année d'étude. — Mécanique appliquée (1ʳᵉ année d'application, 24 leçons).

4ᵉ id.   id.   — Cours de machines (2ᵉ année d'applicaton, 24 leçons).

Id.   id.   — Chimie appliquée (id.   id.   45 id.)

3ᵉ id.   id.   — Art militaire (1ʳᵉ année d'application, 38 leçons).

Id.   id.   — Castramétation et fortification passagère (1ʳᵉ année d'application, 34 leçons).

Fortification permanente (1ʳᵉ année d'application, 42 leçons. — 2ᵉ année, 37 leçons).

Artillerie (1ʳᵉ année d'application, 17 leçons. — 2ᵉ année, 93 leçons).

Construction (1ʳᵉ année d'application, 23 leçons. — 2ᵉ année, 39 leçons).

Architecture (2ᵉ année d'application, 15 leçons).

Administration militaire, 14 leçons.

Noᴛᴀ. — Les élèves pour l'artillerie ne suivent qu'une partie du cours de fortifications. Les élèves pour le génie ne suivent qu'une partie du cours d'artillerie.

DIVISIONS D'INFANTERIE (2 années d'étude).

Mathématiques	15 leçons.
Géométrie descriptive	34 id.
Mécanique élémentaire.	17 id.
Physique.	36 id.
Chimie appliquée aux arts militaires	39 id.

Hygiène militaire; langues; théories et réglements militaires; topographie; art militaire; castramétation et fortification passagère. (Même cours que pour les armes spéciales).

Fortification permanente . . . . 30 leçons.
Artillerie. . . . . 40 id.
Géographie militaire. . . . . 20 id.
Histoire militaire. . . . . 20 id.
Administration militaire . . . . 22 id.

———

Travaux graphiques & exercices pratiques divers.

ARMES SPÉCIALES.

Exercices préliminaires (dessin d'après le modèle, dessin de lettres, lavis, etc.)

Levé de bâtiment.

Id. à la planchette.

Id. à la boussole.

Épures de fortification.

Levé de la place d'Anvers (front d'attaque et fort du camp retranché).

Visite d'établissements industriels à Bruxelles.

Confection de fascinages.

Visite des établissements militaires à Anvers et à Liége.

Équitation (3 leçons par semaine pendant les deux dernières années d'étude.

Exercices militaires et gymnastiques, escrime, arts d'agrément.

Travaux particuliers.

Pour la section du génie :

Projet de fortification (épures et mémoire).
Projet de machines   (id.)
Projet d'attaque et de défense   (id.)

Pour la section d'artillerie :

Tracé des bouches à feu.
Levé d'une arme portative.
Projet de machines (épure et mémoire).
Levé de matériel (croquis et mémoire).
Mémoire sur les établissements de l'artillerie.
Projet de batterie (épure et mémoire).
Projet d'attaque et de défense (id.)

DIVISIONS D'INFANTERIE & DE CAVALERIE.

Exercices préliminaires (dessin de lettres, lavis, etc.)
Levé d'une des cours de l'école.
Levé de bâtiment.
Levé de terrain à la boussole nivelante.
Épures de fortification.
Exercices militaires et gymnastiques, escrime.
Équitation (2 leçons par semaine).

Cours.

La durée des leçons est d'une heure et demie. Après chaque leçon, un certain nombre d'élèves sont interrogés dans le *cabinet* sur les leçons antérieures, par le professeur ou le répétiteur. Le résultat de l'interrogation est coté et il en est tenu note dans un registre.

Les cours sont, autant que faire se peut, fractionnés en deux ou trois parties, sur chacune desquelles roule un examen. Il est toujours accordé un certain temps aux élèves pour se préparer à cet examen et pendant ce temps, des *conférences* ont lieu à l'amphithéâtre en présence du professeur.

Régime intérieur.

Le réveil est battu à 5 heures.

A 5 h. 10. — Café.

5 h. 25. — Entrée dans les salles d'étude.

5 h. 30. — Appel fait par l'inspecteur des études et rapport au commandant en second de l'École.

De 5-30 à 7 h. 20. — Étude libre.

De 7-20 à 7 h. 50. — Soins de propreté.

7 h. 50. — Inspection.

8 h. — Déjeûner (café au lait, pain, beurre).

De 8-30 à 10 h. — Leçon sur l'une ou l'autre branche de l'enseignement.

De 10 à 10 h. 20. — Repos.

De 10-20 à 11 h. 30. — Étude sur une matière prescrite et interrogations au cabinet à tour de rôle.

De 11-30 à 1 h. 30. — Séance de dessin.

A 1 h. 30. — Dîner (soupe, un plat de viande, avec légume et pommes de terre).

De 2-45 à 4 h. 30. — Exercices d'infanterie, d'artillerie, de gymnastique.

De 4-30 à 5 h. — Repos.

De 5 h. à 8 h. — Étude et leçons.

8 h. — Souper (un plat de viande, légumes ou salade).

De 8 h. à 9 h. 30. — Repos.

9 h. 30. — Extinction des lumières.

Chaque élève a deux leçons d'escrime par semaine (entre 10 h. 20 et 1 h. 30) obligatoires.

Le dimanche, lever comme les autres jours et étude des réglements militaires jusqu'à l'heure de la messe. Après la messe, à 8 h. déjeûner. A 9 h. 45, leçon d'hygiène. Sortie après l'inspection à 11 h. jusqu'à 10 h. en été et 9 h. du soir en hiver.

Le mercredi, sortie de 4 h. 30 à 9 h. du soir.

Congés.
{ Nouvel an, 3 à 4 jours.
{ Pâques,   id.
{ Le 15 août, un mois.

Régime de l'École d'application.

Lever à 7 heures.

De 7 à 9 h. — Études libres et leçon d'équitation (trois par semaine).

De 9 à 10. — Déjeûner.

De 10 à 11 1/2 h. — Leçons.

De 11 1/2 à 1 h. — Étude sur la leçon donnée et interrogations sur les trois dernières.

1 heure. — Un quart d'heure de repos.

Jusqu'à 4 heures, travaux graphiques.

A 4 1/2, dîner (à l'école).

De 4 1/2 à 11 1/4, sortie.

Le dimanche, sortie à 10 h. 10 et dîner à 2 heures.

FORCE DE L'ÉCOLE EN 1872.

Environ 100 élèves et 70 sous-lieutenants à l'école d'application dont 4 officiers roumains.

4

EXAMENS DE SORTIE.

DIVISIONS D'INFANTERIE & DE CAVALERIE.

Les élèves sont interrogés sur tous les cours enseignés pendant les deux années d'études et sur les règlements militaires.

Les examens de sortie des divisions d'infanterie et de cavalerie se font en plusieurs épreuves. Pour faciliter ces examens, on les fait subir d'après un questionnaire divisé en séries; ces séries sont communiquées aux élèves dès le commencement du temps de pioche.

Au début de chaque épreuve, l'élève tire une série qui détermine les questions auxquelles il doit répondre.

Le jury est composé de :

Un officier général ou supérieur, président.

Un officier d'infanterie.

Un officier de cavalerie.

Un officier des armes spéciales.

Ces officiers sont désignés annuellement par un arrêté royal.

ARMES SPÉCIALES.

Examen de passage à la quatrième année d'études et examen de sortie.

Un examen portant sur les matières enseignées pendant la troisième année d'études, détermine le passage des élèves sous-lieutenants à la quatrième année. Il sert de base à la répartition provisoire des élèves sous-lieutenants dans les différentes armes.

L'examen de sortie ne porte que sur les cours suivis pendant la quatrième année d'études. Il classe définitivement les élèves sous-lieutenants dans les différentes armes.

Le jury est composé de :

L'inspecteur général des fortifications et du corps du génie, ou un officier désigné pour le remplacer ;

L'inspecteur général de l'artillerie, ou un officier désigné pour le remplacer ;

Un officier d'artillerie ;

Un officier du génie ;

Un officier d'état-major ;

Deux professeurs universitaires de la falculté des sciences (désignés annuellement par le Roi.)

Pour les élèves sous-lieutenants de la section d'état-major, les deux inspecteurs généraux des armes spéciales sont remplacés par un officier général.

Ce jury examine successivement les élèves sous-lieutenants de la quatrième année d'études et ceux de la troisième année d'études de la promotion suivante.

Les examens ont lieu oralement et sont publics.

L'examen pour les élèves sous-lieutenants de la troisième année d'études comprend trois épreuves partielles, savoir :

Première épreuve.
- Topographie ;
- Construction des cartes ;
- Artillerie descriptive (armes blanches, armes à feu lisses).
- Administration militaire.

Deuxième épreuve.
- Mécanique appliquée ;
- Construction (Première partie : Matériaux de construction, et théorie de la résistance des matériaux).

Troisième épreuve.
{
Art militaire ;
Fortification passagère ;
Fortification permanente. (Partie historique, partie rationnelle. — Sites et mines.)
}

L'examen pour les élèves sous-lieutenants de la quatrième année d'études comprend trois épreuves partielles, mais elles diffèrent suivant l'arme à laquelle ils se destinent.

SECTION D'ARTILLERIE.

Première épreuve.
{
Probabilités ;
Géodésie ;
Architecture ;
Attaque et défense des places.
}

Deuxième épreuve.
{
Cours de machines ;
Chimie appliquée.
}

Troisième épreuve.
{
Artillerie. (Armes à feu rayées. — Artillerie de siége, de place et de côtes. — Service en campagne. — Service dans les siéges. — Service dans les établissements. — Passage des rivières. — Principes de construction. — Balistique.)
}

SECTION DU GÉNIE.

Première épreuve.
{
Probabilités ;
Géodésie ;
Architecture ;
Attaque et défense des places.
}

Deuxième épreuve. 〔 Cours de machines ;
Chimie appliquée ;
Artillerie. (Artillerie de siége, de place
et de côtes. — Passage des rivières.
— Notions sur le service dans les
établissements.)

Troisième épreuve. 〔 Fortification permanente. (Défilement
et détails de construction.)
Construction (2e partie du cours.)

L'ordre dans lequel les candidats se présentent devant le jury est réglé par le sort ; il est le même pour chacune des trois épreuves qui composent un examen. Avant de commencer l'examen d'une promotion, le jury fixe la cote d'importance à assigner à chaque cours. Pour les cours de la quatrième année d'études, où les élèves sous-lieutenants sont classés par armes, ces cotes peuvent varier d'une section à l'autre.

Les examens sont dirigés par le président, qui en répartit les différentes matières entre les autres membres du jury, les examinateurs permanents exceptés.

Les membres du jury remettent par écrit aux secrétaires les questions qu'ils ont posées, afin qu'elles soient mentionnées textuellement au procès-verbal de chaque séance.

Les examinateurs apprécient le mérite des réponses à leurs questions, en se conformant au tableau des cotes de mérite.

Les autres membres peuvent aussi donner des cotes de mérite.

Le président donne sur l'examen de chaque élève sous-lieutenant une cote d'appréciation d'ensemble, à laquelle est attachée une cote d'importance établie par le jury.

Les examinateurs permanents s'abstiennent de toute appréciation numérique ; ils doivent donner au jury les renseignements qu'il pourrait désirer, tenir le procès-verbal des séances, et relever, comme secrétaires, les résultats des interrogations.

Afin de mettre de l'uniformité dans les appréciations et de faciliter le calcul des cotes finales des examens, les membres du jury sont tenus de présenter leurs cotes de classement d'après un tableau-modèle, qu'ils ont arrêté d'avance et que l'on fait lithographier.

Après toutes les épreuves relatives à une promotion, les examinateurs permanents réunissent les cotes d'appréciation de chacun des membres du jury et en déduisent les moyennes finales des examens. Alors *seulement* le président ouvre la liste de classement des élèves sous-lieutenants, établie à l'École, et qui lui a été adressée par le ministre de la guerre.

Le commandant de l'École et le directeur des études sont tenus de fournir à tous les membres du jury, lorsqu'ils en font la demande, les renseignements les plus détaillés sur le mode qui a été suivi pour les appréciations du mérite des élèves sous-lieutenants dans leurs études et dans leurs travaux.

En ajoutant les moyennes données aux élèves sous-lieutenants dans le classement fait à l'École aux moyennes des examens subis devant le jury et prenant la moitié de ces sommes, on obtient pour chaque élève sous-lieutenant le numéro de mérite correspondant à son année d'études.

Pour obtenir la liste définitive, par ordre de mérite, d'une promotion à sa sortie de l'École, le jury prend la moyenne des cotes de mérite correspondant à la troisième et à la quatrième année d'études.

Les listes indiquant les cotes de mérite et le classement des élèves sous-lieutenants, à la fin de chacune des deux dernières années d'études, sont signées par tous les membres du jury pour être jointes aux procès-verbaux des séances. Le tout est envoyé par le président du jury au ministre de la guerre, dans le plus court délai possible.

Le ministre de la guerre propose au Roi l'admission définitive dans les diverses armes d'un nombre d'élèves sous-lieutenants, dépendant des besoins du service et des notes assignées aux élèves sous-lieutenants dans le classement fait par le jury.

DISCIPLINE.

Dispositions générales.

Les élèves doivent obéissance et respect aux fonctionnaires, professeurs, répétiteurs et maîtres.

Le régime militaire auquel l'École est soumise exige que tout supérieur trouve dans ses subordonnés une obéissance entière et une soumission de tous les moments ; que les ordres soient exécutés littéralement, sans hésitation ni murmures. L'autorité qui les donne est responsable, et la réclamation n'est permise à l'inférieur que lorsqu'il a obéi.

Le refus formel d'obéissance envers les chefs fait encourir le renvoi de l'École.

Les élèves ne peuvent faire aucune collecte ou souscription, ni assister, même par députation, à des cérémonies ou repas de corps, ni rien faire imprimer ou insérer dans les écrits périodiques, sans en avoir obtenu préalablement la permission ; toute contravention à cet article fait encourir le renvoi de l'École.

Aucun journal ou écrit périodique, aucune brochure, aucun livre, aucun dessin, ne peuvent être introduits à l'École sans une permission spéciale. Toute infraction à cette disposition fait encourir une punition plus ou moins sévère, qui peut s'étendre jusqu'à l'exclusion de l'École. Les livres, brochures et dessins sont saisis et ils ne peuvent être rendus aux élèves que lorsqu'ils quittent définitivement l'établissement.

Tous jeux de cartes, de dés ou de hasard, même non intéressés, sont interdits dans l'intérieur de l'École.

L'usage de la pipe et du cigare n'est permis à l'École que pendant les heures de récréation, et seulement dans les cours ou dans la salle affectée à cet usage.

Les élèves doivent s'interdire, en quelque lieu que ce soit, tout discours, tout acte qui serait de nature à troubler l'ordre public ou la tranquillité intérieure de l'École.

Un élève ne peut se servir d'aucun agent subalterne pour faire une commission s'il n'y est autorisé par l'officier de service. Toute infraction à cette défense, outre la punition qu'elle ferait encourir à l'élève, mettrait l'agent dans le cas de perdre son emploi.

Les plaintes et observations relatives aux aliments, aux fournitures, au service des agents subalternes, sont transmises aux officiers de service par les élèves de service.

Les demandes de toute espèce que les élèves ont à faire ne peuvent être adressées qu'aux inspecteurs des études ou aux officiers de service, suivant leur nature, et ces officiers les transmettent, s'il y a lieu, à qui de droit.

Il est défendu aux élèves d'introduire tout paquet qui n'aurait pas été visité par l'officier de service ; l'introduction de comestibles, de vins, de liqueurs, etc., est expressément interdite.

Un élève ne peut entrer sans permission dans une salle qui serait spécialement affectée à une division dont il ne fait pas partie.

Dans tous les locaux où des places particulières sont assignées aux élèves, ceux-ci ne peuvent changer sans en avoir obtenu la permission.

Lorsque le commandant de l'École entre dans n'importe quelle salle, les élèves doivent immédiatement se lever pour le saluer.

Les élèves doivent le salut aux fonctionnaires, professeurs, répétiteurs et maîtres; l'uniforme dont ils sont revêtus les obligent au même devoir envers les officiers de tous grades et de toutes armes. Ce salut doit être fait de manière à montrer la déférence et le respect convenable.

Tous les officiers de l'état-major de l'École, ainsi que les professeurs militaires, lorsqu'ils sont en présence des élèves, soit à l'intérieur, soit à l'extérieur de l'École, doivent toujours se considérer comme étant de service. En conséquence, ils doivent réprimer ou punir immédiatement tout manquement au règlement, ou toute inconvenance de conduite.

Un élève qui croirait avoir de justes motifs de réclamer, soit contre un ordre soit contre une punition, peut, mais seulement après avoir obéi, adresser sa réclamation par écrit, au fonctionnaire immédiatement supérieur à celui qui a donné l'ordre ou prononcé la punition.

Néanmoins, dans un cas imprévu, un élève peut demander à être entendu par le commandant de l'École, mais seulement pour un fait personnel. Toute réclamation mal fondée ou faite en termes inconvenants fait encourir une nouvelle punition.

Sorties et congés.

Les jours de sortie sont : le dimanche, le mercredi et les jours fériés; le dimanche, les élèves peuvent sortir aussitôt après l'inspection ; ils doivent être rentrés à l'heure fixée par le commandant de l'École. Le mercredi, les élèves peuvent sortir après le rassemblement général pour le dîner et doivent être présents à l'étude du soir qui commence à cinq heures. Les jours fériés, le commandant de l'École fixe l'heure et la durée de la sortie.

Sous aucun prétexte, il n'est accordé de permission particulière de sortir dans la semaine ni de prolonger la sortie du mercredi.

Le commandant de l'École peut accorder à un certain nombre d'élèves de chaque division, alternativement, des prolongations de sortie les dimanches et jours de fête.

Toutes les sorties, de quelque nature qu'elles soient, peuvent être supprimées par le commandant de l'École, lorsque les circonstances l'exigent.

Tout élève rentrant après l'heure fixée doit s'inscrire chez le garde-consigne en indiquant l'heure de sa rentrée. Cette disposition est applicable aux élèves qui ont obtenu des prolongations.

Tout élève qui ne rentre pas à l'heure prescrite est puni suivant la durée du retard, savoir :

Pour un retard de 10 minutes, une consigne.
Id. de 10 à 20 id. deux consignes.
Id. de 20 à 30 id. trois id.
Id. de 30 à 60 id. six id.
Id. de 1 à 2 heures, quatre jours de prison intérieure simple ou sans accès et de six consignes.

L'élève qui découche est puni de quinze jours de prison intérieure simple ou sans accès et de huit consignes.

5

La récidive fait toujours augmenter la punition.

Les élèves jouissent pendant le courant de l'année de plusieurs congés de deux ou trois jours à l'occasion du renouvellement de l'année, à Pâques, etc.

Dans le courant du mois d'août, il leur est accordé un congé de quatre semaines.

Les élèves passent ce temps dans leurs familles, si toutefois ils n'ont pas de punitions à subir.

Punitions.

Les punitions qui peuvent être infligées aux élèves sont :

La consigne (maximum, trois mois) ;
La censure particulière ;
La censure publique ;
La prison intérieure, simple ou sans accès (maximum, quinze jours) ;
La mise à l'ordre de l'École ;
La prison militaire (maximum, quinze jours) ;
Le renvoi de l'École.

La consigne est la privation d'un certain nombre d'heures de sortie.

La censure particulière consiste dans la réprimande confidentielle du commandant de l'École ou du commandant en second.

La censure publique s'exerce par le commandant de l'École devant les divisions assemblées.

La mise à l'ordre de l'École a lieu d'après les ordres du commandant.

L'élève puni de la prison intérieure simple assiste aux amphithéâtres, aux travaux graphiques et aux exercices militaires.

L'élève puni de la prison intérieure sans accès ne peut sortir que pour cause de maladie. Chaque jour le médecin de l'École y fait sa visite.

Les consignes et la prison intérieure simple peuvent être ordonnées par les officiers de service et par les inspecteurs des études.

La prison intérieure sans accès ne peut être infligée que par les commandants.

Le commandant de l'École prononce seul la punition de prison militaire, et en rend compte au ministre de la guerre.

Le renvoi de l'École est prononcé par le ministre de la guerre, d'après les rapports qui lui sont adressés et les enquêtes qu'il jugerait à propos d'ordonner.

La sortie du mercredi comprend une consigne ; celle du dimanche deux consignes, la première, depuis le matin jusqu'à quatre heures, la seconde, pendant le reste de la journée.

Les élèves mis préventivement à la salle de police ne peuvent en sortir sous aucun prétexte avant que la punition n'ait été prononcée.

Tout élève avant de pouvoir jouir d'un congé doit avoir subi toutes les punitions qui lui ont été infligées ; il en est de même pour les élèves ayant passé leurs examens de sortie.

Il est tenu dans les bureaux du général commandant un registre dans lequel toutes les punitions infligées aux élèves sont inscrites, ainsi que les fautes qui les ont motivées.

Les officiers de service tiennent un livre où toutes les punitions sont inscrites, abstraction faite des motifs.

Conseil d'enquête.

Le conseil d'enquête est composé comme suit :
Du commandant de l'École, président ;
Du commandant en second ;
Du directeur des études ;
De trois professeurs ;
D'un inspecteur des études, secrétaire ;
Ceux-ci sont, à cet effet, désignés chaque année par le ministre de la guerre.

Lorsque les fonctions de commandant de l'École et de directeur des études sont réunies, le nombre de professeurs est de quatre.

Le conseil d'enquête est formé pour toute l'année.

Les fonctionnaires amovibles sont renouvelés au 1er janvier.

Les parents ou alliés de l'élève inculpé, jusqu'au degré de cousin issu de germain inclusivement, ne peuvent faire partie du conseil d'enquête.

Il en est de même du fonctionnaire sur le rapport duquel la poursuite a lieu, à moins cependant que les faits à examiner par le conseil d'enquête ne se rapportent exclusivement aux études.

Ce conseil ne peut s'assembler que sur la convocation du président, d'après les ordres du ministre de la guerre, et il prononce sur les questions posées par le ministre.

Indépendamment des fautes graves contre la discipline qui motivent la convocation d'un conseil d'enquête, les élèves qui, au classement fait après le premier semestre et à la fin de l'année, n'ont pas obtenu un numéro de mérite suffisamment élevé; ceux qui obtiennent constamment de mauvais numéros aux interrogations; ceux, enfin, dont la conduite est habituellement répréhensible, peuvent être traduits devant le conseil d'enquête.

Le président du conseil charge l'un de ses membres de faire les fonctions de rapporteur.

Le conseil fait une enquête sur les faits qui lui sont dénoncés. A cet effet, le président désigne un de ses membres pour remplir les fonctions de commissaire instructeur de l'affaire, de concert avec le rapporteur et le secrétaire.

L'officier commissaire et le rapporteur, aidés du secrétaire, procèdent aux informations de l'enquête par l'interrogation qu'ils font subir à l'élève inculpé, par l'audition des témoins appelés par le rapporteur, ou produits par l'élève inculpé, en se conformant, autant que possible, aux règles établies par le code de procédure militaire.

Dès que l'instruction est terminée, le conseil d'enquête se réunit, sur la convocation du président.

Le rapporteur expose le sujet de l'inculpation et fait connaître le résultat des informations. L'élève inculpé est alors appelé devant le conseil et y est interrogé par le président sur tous les faits qui se rapportent à l'inculpation dont il est l'objet. La parole lui est ensuite accordée pour sa défense qu'il doit présenter lui-même. Puis il se retire et le président résume la cause.

Les membres ayant exprimé leur avis sur les questions qui leurs sont soumises, le président les recueille en commençant par les officiers les moins élevés en grade, et dans chaque grade par le moins ancien.

Le secrétaire du conseil rédige séance tenante le procès-verbal indiquant le nombre des avis affirmatifs et négatifs sur chacune des questions, et ce procès-verbal est immédiatement signé par le président et par les membres du conseil.

Le procès-verbal et toutes les pièces de l'enquête sont adressées sans délai au ministre de la guerre.

EXERCICES.

Formation militaire.

Les élèves de l'École forment une compagnie commandée par le capitaine instructeur; cette compagnie est divisée en deux pelotons, le premier peloton, composé des élèves passé dans la seconde année d'études, est commandé par le plus ancien instructeur adjoint; le second peloton, formé par les élèves qui se trouvent en première année d'études, est commandé par le second instructeur adjoint.

Exercices militaires.

Dès leur entrée à l'École, les élèves reçoivent l'instruction pratique des règlements d'infanterie; elle est la même pour tous les élèves, quelle que soit l'arme à laquelle ils se destinent.

Les fonctions d'instructeurs d'exercice sont remplies par les élèves, des plus anciennes divisions.

Lorsque les élèves ont parcouru les diverses écoles, on forme, au moyen de cordeaux, deux ou trois bataillons, afin de pouvoir appliquer les prescriptions des manœuvres en lignes.

Les élèves occupent successivement les emplois que comporte] l'exécution des divers règlements d'infanterie ; tels que chef de bataillon, de division, de peloton, etc.

Les officiers instructeurs tiennent un registre indiquant les fonctions remplies par chaque élève; c'est au moment du rassemblement pour le dîner que l'officier désigne les élèves qui doivent remplir diverses fonctions à l'exercice.

Les élèves qui ont des commandements d'officiers ou qui remplissent les fonctions d'adjudants sortent en sabre.

Les exercices militaires ont lieu tous les jours, excepté le mercredi; quelquefois il n'y a qu'une partie des élèves qui assistent aux exercices militaires, les autres étant exercés au gymnase ou aux manœuvres d'artillerie.

MONTAGE, DÉMONTAGE ET ENTRETIEN DES ARMES.

Lorsque le temps est mauvais pendant les heures consacrées aux exercices militaires, on occupe les élèves par des théories sur le montage, le démontage et l'entretien des armes.

On emploie également ces heures pour l'étude du service intérieur, du service de garnison, du service des armées en campagne et du règlement sur le tir.

TIR A LA CIBLE.

Les instructeurs font aux élèves des théories pratiques sur le tir; chaque élève brûle cinq capsules par séance; ces théories se font pendant les heures consacrées aux exercices militaires, de préférence lorsque le temps n'est pas favorable.

Pendant la seconde année d'études les élèves sont exercés au tir à la cible, ils tirent 20 cartouches à blanc et 50 à balles.

Le vainqueur peut choisir un prix de la valeur de cent francs.

Instruction théorique & pratique d'artillerie.

Les élèves pendant la seconde année d'études exécutent les divers exercices d'artillerie.

Cette instruction se donne pendant la bonne saison les lundis et jeudis aux heures des exercices militaires.

Exercices gymnastiques.

Les élèves sont exercés au gymnase les lundis et jeudis ; les divisions y vont à tour de rôle.

Les élèves endossent pour ces exercices un costume en toile grise, mettent une cravate et une large ceinture.

Le moniteur est un sous-officier d'infanterie.

Ces exercices se font sous la surveillance de l'officier de service et pendant les heures consacrées aux exercices militaires.

Équitation.

Pendant la seconde année d'études, le tiers environ des élèves des divisions d'infanterie et de cavalerie suivent le cours d'équitation.

Ils se rendent au manége les mardis, jeudis et vendredis, le matin de 6 heures 35 minutes à 7 heures 35 minutes pendant la période d'été, et de 6 heures 45 minutes à 7 heures 45 minutes pendant la période d'hiver.

Les élèves conservent la tenue de travail pour aller au manége et portent des éperons lorsque l'instructeur le leur ordonne.

Le commandant de l'École désigne parmi les élèves qui ont demandé à entrer dans la cavalerie ceux qui peuvent suivre le cours d'équitation. L'aptitude physique et la position de fortune des élèves sont prises en considération.

A l'époque de leur nomination au grade de sous-lieutenant, les besoins de la cavalerie déterminent le nombre des élèves qui sont définitivement désignés pour cette arme; les autres sont placés dans l'infanterie.

Natation.

Pendant la bonne saison, tous les élèves vont une fois par semaine à l'école de natation, ils y sont conduits en trois fois par l'officier de service, les lundis, mercredis et vendredis de 6 heures 35 minutes à 7 heures 35 minutes.

En hiver des baquets d'eau chaude sont mis à la disposition des élèves.

Escrime.

Plusieurs professeurs sont autorisés par le général commandant à donner des leçons d'escrime aux élèves.

Ces leçons sont facultatives, elles se donnent pendant la récréation du soir et sont aux frais des élèves. Les élèves règlent directement avec les professeurs; ils payent 5 francs par mois, et doivent se munir de tous les objets nécessaires.

Musique & Danse.

Les élèves peuvent se réunir pendant la récréation du soir pour faire de la musique.

Il n'y a pas de cours de danse.

Inspections.

Tous les matins avant le déjeûner, les instructeurs-adjoints passent l'inspection de leur peloton. Les dimanches, l'instructeur inspecte les élèves en tenue de sortie ou passe une inspection de détails.

Une fois par mois, les instructeurs-adjoints passent une inspection détaillée de tous les effets d'habillement de leur peloton; ces inspections se font généralement dans les dortoirs.

ARMES SPÉCIALES.

Discipline.

Les élèves sous-lieutenants ont droit aux honneurs dus à leur grade et doivent remplir tous les devoirs qu'il impose.

La discipline à laquelle ils ont été soumis pendant leurs deux premières années d'études leur est applicable, sauf les articles incompatibles avec leur grade.

Il leur est défendu d'introduire des vins et des liqueurs ; l'usage de la bière est permis; il leur est interdit de fumer pendant les heures d'études et d'introduire dans les salles d'étude des cigares, pipes, etc.

Les élèves sous-lieutenants ne peuvent s'abonner aux journaux qu'avec l'autorisation du commandant du quartier ; il est sévèrement défendu d'introduire des romans à l'École d'application.

Sorties & Congés.

Les élèves sous-lieutenants peuvent sortir tous les jours depuis quatre heures trente minutes de relevée jusqu'à onze heures quinze minutes du soir, si toutefois ils ne sont pas punis.

Le commandant de l'École peut accorder des prolongations de sortie jusqu'à deux heures du matin, afin de permettre aux élèves sous-lieutenants d'assister à des fêtes ou bals. Le nombre de ces permissions particulières ne dépasse généralement pas six par année pour chacun d'eux.

Lorsqu'il y a eu sortie générale jusqu'à deux heures du matin, il n'y a pas d'étude le lendemain de sept à neuf heures du matin. Les élèves sous-lieutenants sont dispensés d'assister à cette étude lorsque la veille ils ont été invités à un bal de la cour.

Tout élève sous-lieutenant qui sort avant quatre heures trente minutes de relevée ou qui rentre après onze heures quinze minutes du soir doit signer sur un registre déposé chez le garde-consigne, en indiquant l'heure de la sortie ou de la rentrée. En cas de refus, le garde-consigne prévient immédiatement le commandant du quartier.

Le dimanche, les élèves sous-lieutenants peuvent sortir après l'inspection, ou à dix heures, lorsque le commandant du quartier n'en passe pas.

Les congés des élèves sous-lieutenants sont les mêmes que ceux accordés aux autres élèves de l'École militaire.

Punitions.

Les punitions qui peuvent être infligées aux élèves sous-lieutenants sont :

Les arrêts simples ;
La salle d'arrêts avec ou sans accès ;
La mise à l'ordre de l'École ;
Les arrêts forcés ;
La prison militaire ;
Le renvoi de l'École, qui entraîne la perte du grade.

Les arrêts simples peuvent être ordonnés par tout officier attaché à l'École. Le maximum de leur durée est de deux mois. Il est également de deux mois pour la salle d'arrêts ou prison intérieure.

L'élève sous-lieutenant, puni des arrêts simples, assiste aux amphithéâtres, aux travaux graphiques et aux exercices militaires. Il en est de même pour la prison intérieure, à moins que le commandant de l'École ne décide le contraire.

L'élève sous-lieutenant mis aux arrêts forcés ne peut sortir que pour entrer à l'hôpital en cas de maladie.

Le maximum des arrêts forcés et de la prison militaire est de quinze jours.

Le commandant de l'École rend immédiatement compte au ministre de la guerre de cette dernière punition.

Le renvoi de l'École, qui entraîne la perte du grade, est prononcé par arrêté royal sur le rapport du ministre de la guerre, d'après l'avis conforme du conseil d'enquête.

Les élèves sous-lieutenants mis aux arrêts forcés sont enfermés dans une chambre dite salle d'arrêts, garnie d'un lit, table, chaises, etc. ; ils y font transporter leurs literies et continuent à faire partie du ménage; leurs repas sont apportés dans la salle d'arrêts.

Les élèves sous-lieutenants qui sont punis de prison de ville y sont conduits et en sont ramenés par le commandant du quartier ; celui-ci doit se munir du billet d'écrou délivré par le commandant de l'École, et contre-signé au bureau de la place.

Tout élève sous-lieutenant qui a subi de la prison militaire ou qui a été mis à la salle d'arrêts, doit être présenté au commandant de l'École par le commandant du quartier.

Conseil d'enquête.

Le conseil d'enquête est composé comme suit :

Du commandant de l'École, président ;

Et de six officiers désignés par la voie du sort, le premier janvier de chaque année, entre ceux attachés à l'École.

Les parents ou alliés de l'élève sous-lieutenant inculpé, jusqu'au degré de cousin issu de germain inclusivement, ne peuvent faire partie du conseil d'enquête. Il en est de même de celui sur le rapport duquel la poursuite a lieu.

Tout conseiller qui sera cause de récusation en sa personne est tenu de le déclarer au conseil.

Ce conseil ne peut s'assembler que sur la convocation du président, d'après les ordres du ministre de la guerre, et il prononce sur les questions posées par le ministre.

Le président du conseil charge l'un de ses membres de faire les fonctions de rapporteur, et un autre celles de secrétaire.

Le conseil fait une enquête sur les faits qui lui sont dénoncés. A cet effet, le président désigne un de ses membres, d'un grade plus élevé que celui de l'inculpé, pour remplir les fonctions de commissaire-instructeur de l'enquête à faire, de concert avec le rapporteur et le secrétaire.

L'officier-commissaire et le rapporteur, aidés du secrétaire, procèdent aux informations de l'enquête par l'interrogation qu'ils font subir à l'élève sous-lieutenant inculpé ; par l'audition des témoins appelés par le rapporteur ou produits par l'élève sous-lieutenant inculpé, en se conformant, autant que possible, aux règles établies par le code de procédure militaire.

Dès que l'instruction de l'affaire est terminée, le conseil d'enquête se réunit sur la convocation du président.

Le rapporteur expose le sujet de l'inculpation et fait connaître le résultat des informations. L'élève sous-lieutenant inculpé est alors appelé devant le conseil et y est interrogé par le président sur tous les faits qui se rapportent à l'inculpation dont il est l'objet. La parole lui est ensuite accordée pour sa défense, qu'il doit présenter lui-même, puis, il se retire et le président résume la cause.

Les membres ayant exprimé leur avis sur les questions qui leur sont soumises, le président les recueille, en commençant par les officiers les moins élevés en grade et dans chaque grade par le moins ancien.

Le secrétaire du conseil rédige, séance tenante, le procès-verbal indiquant le nombre des avis affirmatifs et négatifs sur chacune des questions, et ce procès-verbal est immédiatement signé par le président et par les membres du conseil.

Le procès-verbal et toutes les pièces de l'enquête sont adressés, sans délai, au ministre de la guerre.

Travaux militaires et manœuvres.

Deux séances sont consacrées à la confection de fascinages. Ces travaux se font sous la direction du professeur d'artillerie aidé du répétiteur ; l'inspecteur des études en a la surveillance.

Les élèves sous-lieutenants ne font plus de manœuvres et ne s'occupent plus de l'étude des règlements militaires ; ils complètent, sauf ceux désignés pour l'arme du génie, leur instruction militaire à l'École d'équitation d'Ypres.

Équitation.

Les leçons d'équitation sont données aux élèves sous-lieutenants par promotion; chacune d'elles reçoit trois leçons par semaine, elles se donnent de 7 à 9 heures du matin.

Les élèves sous-lieutenants se rendent au manége et en reviennent par le chemin le plus court.

Les élèves sous-lieutenants ne suivent le cours d'équitation que deux mois après leur entrée à l'École d'application, et cessent deux mois avant leurs examens de passage ou de sortie.

Les élèves sous-lieutenants qui appartiennent à la section du génie cessent de suivre le cours plus tôt que les autres; ils ne reçoivent en moyenne que cent soixante-dix leçons d'équitation, ayant plus de travaux graphiques à exécuter.

Quand les élèves sous-lieutenants sont suffisamment avancés et lorsque le temps le permet, ils font des promenades à cheval le dimanche à sept heures du matin, sous la conduite du capitaine instructeur ou de l'instructeur-adjoint de cavalerie.

Escrime, natation, musique & danse.

Les élèves sous-lieutenants peuvent obtenir la permission d'avoir un piano dans leurs chambres.

Ils ne reçoivent ni leçons d'escrime ni leçons de danse.

Quant à la natation, le commandant du quartier peut accorder aux élèves sous-lieutenants la permission de sortir le dimanche de sept à neuf heures du matin pour se rendre soit à l'école de natation ou à un établissement de bains; cette permission doit être demandée le samedi.

Études.

A partir de l'expiration du temps consacré à un cours ou à un travail, les travaux des élèves sous-lieutenants sont adressés au professeur au fur et à mesure qu'ils sont terminés et visés, afin que le professeur puisse en commencer l'examen.

Si, à cette époque, des travaux graphiques ne se trouvaient pas terminés, il serait accordé aux élèves sous-lieutenants retardataires un délai qui ne pourrait excéder le tiers du temps affecté à ces travaux, sauf les cas d'exception.

Dès que le délai prescrit est écoulé, tous les travaux graphiques sont retirés et remis aux professeurs dans quelque état qu'ils se trouvent. Quant aux mémoires, ils ne sont retirés qu'après leur entier achèvement.

Tout travail encore incomplet, après le délai prescrit, reçoit du professeur une évaluation provisoire; il est ensuite rendu à son auteur, et dès qu'il est achevé, il en est fait une nouvelle évaluation, mais on n'ajoute à la première que les deux tiers de la différence entre les deux évaluations.

Les mémoires et calculs sont évalués quand ils ont été visés; ceux qui ont été remis et visés après le délai voulu, perdent, par cela seul, un sixième de leur évaluation.

A la fin de la troisième et de la quatrième année d'études, il est procédé à un classement, dans lequel on ne se borne pas à l'évaluation des travaux, mais on tient compte de tous les éléments propres à faire juger du mérite des élèves sous-lieutenants.

A cet effet, chaque professeur fait, pour chacun des élèves sous-lieutenants, le relevé des évaluations relatives à un même cours; le produit de ce nombre ainsi rectifié et de la coté d'importance du cours constitue l'évaluation d'après laquelle les élèves sous-lieutenants sont classés, dans leurs armes respectives, sur la liste de ce professeur.

Afin de mettre de l'uniformité dans les tableaux d'évaluation, les professeurs sont tenus de présenter leurs listes de classement, d'après un modèle qui leur est donné.

Le directeur des études assigne aussi à chaque élève sous-lieutenant une cote de mérite entre 0 et 20; ce chiffre, multiplié par une cote d'importance égale au sixième de la somme de toutes celles des travaux, exprime l'évaluation résultante de l'opinion du directeur des études.

Le directeur des études et tous les professeurs, avant de clore leurs listes respectives d'évaluation, se réunissent afin de s'éclairer par leurs observations réciproques. Les listes arrêtées sont signées par leurs auteurs.

Le classement définitif est arrêté par les professeurs réunis en conseil et présidés par le commandant de l'École ou par le directeur des études; les listes des professeurs et du directeur des études sont les uniques bases du classement.

Dès que les listes de classement sont arrêtées, on en réduit les évaluations entre 0 et 20.

Cette nouvelle liste, signée par le commandant de l'École, est envoyée au ministre de la guerre.

Tout élève sous-lieutenant dont la cote d'évaluation totale, à la fin de la troisième ou de la quatrième année d'études, ne s'élève pas à 10, est signalé au ministre comme étant dans le cas de ne pas être admis à la quatrième année d'études ou dans les armes spéciales.

VISITE DE L'ÉCOLE.

Les étrangers sont admis à visiter l'École, lorsqu'ils en ont obtenu l'autorisation du ministre de la guerre ou du général commandant. Un officier de l'état-major de l'École accompagne les étrangers pendant leur tournée dans l'établissement.

INSTRUCTION PARTICULIÈRE

pour les candidats admis à l'École militaire comme élèves.

§ 1. — A son arrivée à l'École, l'élève doit être pourvu de six chemises en toile ou en shirting; trois caleçons; six paires de chaussettes; six essuie-mains en toile; douze mouchoirs; un coffre en bois de $0^m60 \times 0^m40 \times 0^m40$, fermant à clef et peint en gris.

§ 2. — Les objets de couchage sont fournis par l'État.

§ 3. — L'administration de l'École pourvoit aux dépenses qui concernent le service de la table.

Elle délivre à chaque élève, pour compte de la masse d'entretien, et au fur et à mesure des besoins, les matériaux de travail et les objets d'uniforme.

§ 4. — L'élève paie une contribution au ménage fixée à. . fr.   5 00

Et dépose pour les matériaux de travail.   fr. 200 00

— l'habillement et l'équipement.   670 00
———— 870 00

875 00

Les sommes déposées sont portées à l'avoir de la masse d'entretien.

§ 5. — Après avoir subi la visite médicale prescrite par l'article 43 du règlement, l'élève remet à l'officier-payeur de l'École un acte par lequel ses parents s'engagent à payer pour lui, par trimestre et par anticipation, une pension annuelle de huit cents francs (1).

Il verse ensuite entre les mains de cet officier, contre quittance :

1° la somme de 875 francs spécifiée au paragraphe précédent, et 2° le montant du premier trimestre de la pension (2).

§ 6. — L'élève ayant satisfait aux prescriptions énoncées ci-dessus, est immatriculé et inscrit sur les contrôles de l'École.

---

(1) Cet acte, sur papier libre, qui, à défaut de parents, est souscrit par le tuteur, doit être légalisé par le bourgmestre de la localité que les parents ou le tuteur habitent.

L'élève sortant de l'armée qui, au moment de son admission à l'École, compte au moins deux ans de service actif et réel, continuera à recevoir les allocations de son grade. Chaque trimestre, le montant de ces allocations est déduit de la somme à payer pour la pension.

(2) Le payement des autres trimestres se fait chez *le receveur des produits divers, à Bruxelles.* Les quittances de payement doivent être envoyées, franc de port, au conseil d'administration de l'École, qui en donne récépissé :

Pour le 2e trimestre de la 1re année d'études, le				le	187	.
» 3e	»		»	le	187	.
» 4e	»		»	le	187	.
» 1er	»	2e	»	le	187	.
» 2e	»		»	le	187	.
» 3e	»		»	le	187	.
» 4°	»		»	le	187	.

§ 7. — *Matériaux de travail.* — Les matériaux de travail délivrés par l'administration de l'École comprennent les fournitures de bureau proprement dites, les instruments de mathématiques et de dessin, les précis des cours et les ouvrages prescrits par la direction des études.

§ 8. — *Habillement et équipement.* — La somme de 670 francs, déposée pour l'habillement et l'équipement, représente la valeur des objets suivants que l'administration de l'École délivre à chaque élève au fur et à mesure des besoins :

1 Capote-surtout. . . . . fr.	88	00
1 Tunique de grande tenue . »	75	00
1 Id. de petite tenue. . »	56	00
2 Pantalons de grande tenue. »	60	00
3 Id. de petite tenue . »	78	00
2 Id. de coutil. . . . »	19	00
2 Vestes. . . . . »	56	00
1 Shako complet. . . . . »	31	00
3 Bonnets de police. . . . »	27	00
1 Carton pour shako. . . . »	1	00
1 Id. pour bonnet . . . »	»	50
8 Cols. . . . . »	16	00
2 Pompons. . . . . . . »	1	90
1 Sabre . . . . »	23	00
1 Ceinturon avec plaque. . . »	7	75

A reporter. fr. 540 15

Report. fr.	540	15
1 Ceinturon avec plaque et		
fourreau pour bayonne^tte »	6	00
Brosses .diverses , peignes ,		
éponges, etc . . . . . »	12	75
4 Paires de gants à fr. 3.60. »	14	40
4 Id. id. » 2.50. »	10	00
1 Casaque gymnastique. . . »	11	00
1 Ceinture id. . . »	5	00
1 Cravate id. . . »	3	50
2 Sacs en toile. . . . . . »	3	20
2 Paires de bottes. . . . . »	34	00
2 Id. de souliers. . . . »	26	00
1 Id. de pantoufles. . . »	4	00

TOTAL. fr. 670 00

Les personnes avec lesquelles le conseil d'administration de l'École a passé des contrats, pour la fourniture des objets d'uniforme aux prix indiqués ci-dessus, sont :

Pour les capotes-surtout et les tuniques, M. DEVOS, n° 78, rue du Marais, à Bruxelles.

Pour les pantalons et les vestes, M. DEFRESNE, n° 2, rue de l'Abricot, à Bruxelles.

Pour la coiffure, M. VANDERBRUGGEN, n° 93, rue royale, à Bruxelles.

Pour la chaussure, M. VAN MEERBEEK, n° 36, Montagne de la Cour, à Bruxelles.

Pour les cols, M. PEETERS, n° 6, rue de l'Abricot, à Bruxelles.

Pour les ceinturons et les cartouchières, M. PISHOUT, n° 1, Petite rue du Musée, à Bruxelles.

Pour le sabre, M. LASSEN, n° 20, Plaine Sainte-Gudule, à Bruxelles.

7

Afin que leur tenue puisse être préparée pour le jour de l'entrée à l'École, les élèves sont priés de se faire prendre mesure, dès la réception de la présente, chez les six premiers fournisseurs dont les adresses précèdent.

L'élève est muni d'un livret dans lequel sont inscrits, d'un côté, les divers produits de la masse d'entretien, et de l'autre, les dépenses pour fournitures, réparations, etc. Ce livret est fourni par l'École, pour compte de la masse d'entretien, et tenu d'après les prescriptions du règlement d'administration de l'armée.

Le décompte de la masse est fait aux parents, lors de la sortie de l'élève.

PERSONNEL.

Le personnel attaché à l'École militaire comprend :
Un commandant, directeur des études, officier général ou supérieur.
Un commandant en second, officier supérieur.
Dix-huit professeurs.
Quinze répétiteurs.
Un maître de langue flamande.
Un maître de langue allemande.
Un maître de langue anglaise.
Trois maîtres de dessin (paysage, figure, linéaire.)
Un dessinateur civil.
Un professeur d'équitation et un adjoint.
Un capitaine bibliothécaire..
Un capitaine instructeur.
Deux lieutenants d'infanterie adjoints.
Un officier-payeur.
Un aumônier.
Un médecin.
Un secrétaire.
Un mécanicien.
Plusieurs sous-officiers, un armurier, deux tambours et un cornet, des soldats-servants de cavalerie, deux gardes-consignes, un infirmier et des employés subalternes civils.

ÉCOLE DE GUERRE.

Jusqu'en 1869, les officiers du corps d'état-major sortaient de l'École militaire. La loi du 5 avril 1868 sur l'organisation de l'armée, changea cette disposition, et un arrêté royal du 12 novembre 1869, portant institution d'une École de guerre, annexée à l'École militaire, pourvut à l'établissement de cours dans le but de répandre dans l'armée l'instruction militaire supérieure et d'assurer le recrutement du corps d'état-major en temps de paix comme en temps de guerre.

Notre École de guerre offre une grande analogie avec *l'Académie militaire de Berlin*. C'est après la guerre de 1866 entre la Prusse et l'Autriche qu'on reconnut en Belgique la nécessité de modifier le recrutement des officiers de notre corps d'état-major, et c'est à la première de ces puissances qu'on emprunta la forme et l'organisation de notre nouvel établissement d'instruction militaire.

L'Académie militaire à Berlin est instituée pour compléter les hautes études des officiers qui désirent se perfectionner dans l'art de la guerre. Les officiers, pour y être reçus, doivent avoir servi trois ans dans un régiment et subi un concours devant l'état-major du corps d'armée. L'Académie comprend trois divisions dont chacune est composée de 30 officiers. Les cours y durent trois ans : ils commencent le 1er octobre et finissent le 1er juillet de l'année suivante. Dans l'intervalle, les officiers retournent à leur corps. Ceux qui, au bout de ces trois années, ont suivi les cours et se sont distingués par leur zèle et leur aptitude, sont proposés par la commission supérieure des études militaires, pour entrer dans l'état-major, ou pour être nommés aides-de-camp, ou bien professeurs d'art militaire.

L'École de guerre en Belgique, en bien des points, semblable à l'Académie militaire de Berlin, est la haute École militaire du pays, la pépinière de l'état-major. Elle procure à des hommes doués d'une intelligence particulière l'occasion de se révéler, et donne aux régiments une quantité d'officiers distingués.

L'arrêté royal du 12 novembre 1869 portant institution d'une École de guerre, a été modifié par un arrêté royal du 14 mai 1872, contresigné par le ministre de la guerre, le lieutenant-général Guillaume. C'est depuis cette époque que notre École de guerre a cessé d'être une annexe de l'École militaire.

Bien que l'arrêté royal ne dise pas que l'École a pour but de recruter les aides-de-camp et les adjudants-majors, ce fait existera par la force des choses, en vertu de l'article 46 du dit arrêté. Il n'est pas même douteux que les officiers qui auront reçu le diplôme d'adjoint d'état-major (art. 33, § 11 et art. 39) seront ceux parmi lesquels se feront généralement les choix pour les nominations aux grades supérieurs.

La division des cours en cours facultatifs et en cours obligatoires existe à notre École de guerre. Cette mesure qui permet aux officiers d'approfondir les sciences pour lesquelles ils se sentent des aptitudes particulières, offre cet avantage d'agrandir le champ des connaissances imposées et de faciliter, pour quelques élèves, l'étude des matières qui ne sont pas exclusivement militaires.

L'étude des langues étrangères, comme on le verra au programme, est un point essentiel qui n'a pas été négligé. Les événements récents en ont démontré la nécessité, et, aujourd'hui, il n'est pas d'armée qui n'exige pour ses officiers et même pour ses sous-officiers, la connaissance d'une langue moderne.

L'École de guerre de Belgique est sous le commandement du colonel Du Pré, officier distingué de notre corps d'état-major.

Institution d'une École de guerre.

Art. 1er. Il est institué une École de guerre.

Art. 2. Cette École a pour but de répandre l'instruction supérieure dans l'armée et d'assurer le recrutement du corps d'état-major.

Personnel. --- Attributions.

Art. 3. Le personnel attaché à l'École de guerre comprend :

Un commandant, officier général ou supérieur, ayant appartenu au corps d'état-major ou faisant partie de ce corps.

Un commandant en second, officier supérieur.

Un officier, secrétaire du commandant.

Quinze professeurs.

Un maître d'anglais.

Un maître d'allemand.

Un maître de dessin.

Un officier-payeur.

Des employés et agents subalternes.

Art. 4. Le commandant de l'École de guerre, le commandant en second, les professeurs et les maîtres sont nommés par le Roi.

Art. 5. Le commandant de l'École de guerre est le chef de tout le personnel attaché à l'établissement et des officiers appelés à suivre les cours.

Il exerce une surveillance directe sur les études.

Il préside le conseil d'administration.

Art. 6. Le commandant en second exerce une surveillance journalière sur toutes les parties du service et assure l'exécution des mesures prescrites par le commandant de l'École.

En cas d'absence ou d'empêchement du commandant, il remplace celui-ci dans toutes ses fonctions, sauf dans celles de membre du conseil des études.

Art. 7. Le commandant de l'École de guerre, le commandant en second, le secrétaire et l'officier-payeur sont logés dans l'établissement.

Art. 8. Les professeurs donnent leurs cours en se conformant aux instructions du conseil des études institué par l'article 10 du présent arrêté.

Art. 9. En entrant en fonctions, chaque professeur présente au conseil des études un programme dans lequel il expose le plan d'ensemble et les principes généraux du cours dont il est chargé.

Art. 10. Il est institué un conseil des études pour diriger et surveiller l'enseignement de l'École de guerre.

Ce conseil est composé :

1° Du commandant de l'École de guerre.

2° De quatre officiers généraux ou supérieurs, savoir :

Un officier général ou supérieur ayant appartenu ou appartenant au corps d'état-major.

Un officier général ou supérieur ayant appartenu ou appartenant à l'infanterie, ou à la cavalerie.

Un officier général ou supérieur ayant appartenu ou appartenant à l'artillerie.

Un officier général ou supérieur ayant appartenu ou appartenant au génie.

Les membres du conseil des études sont nommés et déchargés de leurs fonctions par arrêté royal ; ils ne peuvent être choisis parmi les professeurs de l'École de guerre.

Art. 11. Le conseil des études est présidé par l'officier, membre du conseil, le plus élevé en grade ou le plus ancien.

Art. 12. Le conseil des études fait au Ministre de la guerre les propositions pour les nominations de professeurs et de maîtres à l'École de guerre.

Art. 13. Il donne aux professeurs nouvellement nommés des instructions en ce qui concerne les cours dont ils sont chargés ; il examine et révise au besoin, avec l'approbation du Ministre de la guerre, les programmes que ces professeurs doivent lui soumettre.

Art. 14. Les membres du conseil des études peuvent assister aux différents cours.

Art. 15. Le conseil des études propose au Ministre de la guerre les modifications à apporter au plan général de l'enseignement ou au plan spécial de chaque cours.

Art. 16. Il fait subir aux candidats les examens d'admission à l'École de guerre et aux officiers-élèves les examens de fin d'année, ainsi qu'il est prescrit aux articles 25, 26 et 33 du présent arrêté.

Art. 17. Le conseil des études se réunit de droit tous les ans après la fin des cours; à la suite de cette réunion, il adresse au Ministre de la guerre un rapport sur la marche des études.

Il peut, en outre, être réuni par le Ministre de la guerre, ou par le président du conseil sur la demande du commandant de l'École.

Administration.

Art. 18. L'École de guerre est administrée, conformément aux arrêtés et aux dispositions qui régissent la matière, et d'après des instructions spéciales à donner par le Ministre de la guerre.

Le conseil d'administration se compose :

1° Du commandant de l'Ecole, président.
2° Du commandant en second,
    D'un professeur militaire, } membres.
3° De l'officier-payeur, secrétaire.

Indemnités.

Art. 19. Le commandant de l'École de guerre reçoit une indemnité qui ne peut être supérieure à fr. 2000.

Le commandant en second reçoit une indemnité qui ne peut être supérieure à fr. 1000.

Les officiers et autres fonctionnaires de l'État, qui sont nommés professeurs ou maîtres à l'École de guerre, reçoivent une indemnité proportionnée au nombre de leçons qu'ils donnent. Cette indemnité est angmentée pour les professeurs et pour les maîtres qui, outre leur emploi à l'École de guerre, remplissent d'autres fonctions.

Mode de recrutement.

Art. 20. L'École de guerre se recrute parmi les officiers de toutes les armes qui satisfont aux conditions suivantes :

1º Avoir servi activement pendant deux années consécutives dans le grade d'officier.

2º Posséder une connaissance suffisante de l'arme à laquelle ils appartiennent, avoir l'intelligence, le caractère et la vigueur nécessaires pour le service d'état-major en campagne.

3º Être présentés comme candidats-élèves par les inspecteurs généraux.

4º Subir avec succès un examen dont le programme est détaillé plus loin.

Art. 21. Après deux épreuves infructueuses, les candidats ne sont plus admis au concours.

Art. 22. Ne sont pas astreints à l'examen, les officiers d'artillerie et du génie sortis de l'École d'application et ceux qui ont satisfait à l'examen nº 3, déterminé par l'arrêté royal du 29 avril 1870.

Chaque année, avant l'époque fixée pour les examens, le Ministre de la guerre fait connaître à l'armée quel est le nombre d'officiers que l'École peut recevoir. Autant que possible, il n'est accordé qu'un tiers des places disponibles aux officiers d'artillerie et du génie.

Mode d'admission.

Art. 23. Le programme des connaissances exigées pour l'admission comprend :

I. *a) Arithmétique.* — Numération, opérations fondamentales; caractères de divisibilité; nombres premiers et nombres premiers entre eux; théorie du plus grand commun diviseur entre deux ou plusieurs nombres; décomposition d'un nombre en ses facteurs premiers, exposé des différents systèmes de numération; opérations sur les fractions ordinaires et sur les fractions décimales; conversion des fractions ordinaires en fractions décimales et réciproquement; opérations sur les nombres complexes; extraction des racines carrées et cubiques, des nombres entiers et des fractions; système métrique.

b) Algèbre. — Opérations fondamentales, théorie élémentaire du plus grand commun diviseur; équations du premier degré à une et à plusieurs inconnues; interprétation des valeurs négatives dans les problèmes; cas d'impossibilité et d'indétermination; carré et cube de la somme de deux nombres, extraction des racines, radicaux du deuxième degré; équations du deuxième degré à une inconnue, résolution, discussion; propriétés des trinomes du deuxième degré; problèmes donnant lieu à des équations du deuxième degré à une inconnue; calcul des quantités affectées d'exposants fractionnaires, théorie des proportions; progressions arithmétiques et géométriques, terme général; équation exponentielle, théorie des logarithmes, logarithmes népériens, et vulgaires; modules, compléments, caractéristiques négatives; usage de tables de Callet; applications.

c) Géométrie plane. — D'après le programme d'admission à l'école militaire.

d) Géométrie à trois dimensions. — Id. en négligeant tout ce qui n'est pas essentiel pour l'étude de la sphère (par exemple, les solides symétriques ou semblables, etc.)

e) Trigonométrie rectiligne complète.

f) Géométrie descriptive. — Ligne droite et plan. Plans cotés.

II. *a) Physique.* — Propriétés des corps : Vernier, sphéromètre. Pesanteur : ses lois; caractères généraux des liquides, leurs conditions d'équilibre; principe d'Archimède; poids spécifiques; presse hydraulique; niveaux; aéromètres et alcoomètres. Atmosphère : baromètre, loi de Mariotte; machine pneumatique; siphon pompes; son : nature

8

du son; propagation; vitesse; écho; échelle musicale, instruments à vent. Chaleur, hypothèse sur sa nature, thermomètre; équilibre mobile de température, réflexion de la chaleur, pouvoir réflecteur, absorbant, émissif et diathermane; conductibilité; dilatation; pendules compensateurs; congélation et évaporation; marmite de Papin; cheval vapeur; relation entre la chaleur et le travail mécanique. Lumière, propagation, vitesse, loi de la réflexion et de la réfraction; indices de la réfraction; lentilles; centre optique; images et grandeurs; aberration de sphéricité; grossissement de la loupe, spectre solaire; récomposition de la lumière blanche; aberration de refrangibilité; achromatisme, instruments d'optique; chambres noires; microscopes, lunettes. Électricité statique, phénomènes fondamentaux; corps isolants, réservoir commun, conducteurs, électricité dynamique; pile voltaïque; théorie chimique de la pile; électro-aimant; actions mutuelles et récriproques des aimants et des courants de la terre; induction par les courants et par les aimants; extra-courant; courant thermo-électrique; intensité des courants; vitesse des courants, leur conductibilité; télégraphe électrique (sans détails).

b) Éléments de chimie inorganique et organique.

III. Éléments d'histoire générale jusqu'en 1500.

Histoire nationale complète.

Géographie de la Belgique complète.

IV. *Tactique.* — Les officiers d'infanterie et du génie sont interrogés sur la tactique de l'infanterie.

Les officiers de cavalerie, sur la tactique de la cavalerie.

Les officiers d'artillerie, sur la tactique de l'artillerie.

V. *Dessin linéaire. — Dessin topographique.*

VI. *Littérature française, style, composition.*

Art. 24. Les examens d'admission ont lieu à l'École de guerre; ils se font par écrit.

Art. 25. Les connaissances exigées sont divisées en six catégories comme il a été indiqué à l'article 23. Pour chacune de ces catégories, le conseil des études rédige plusieurs questions qui ne sont communiquées aux candidats qu'au moment de l'examen.

Les candidats ne sont astreints qu'à traiter une seule question de chaque catégorie, au choix.

L'épreuve sur chaque catégorie ne dure pas plus de deux heures.

Art. 26. Le conseil des études examine les travaux des candidats; il indique au ministre de la guerre, *en les classant par ordre de mérite*, les officiers qu'il juge admissibles.

Les officiers d'artillerie et du génie qui se trouvent dans les conditions prévues à l'article 22, sont admis par rang d'ancienneté.

L'admission est prononcée par arrêté ministériel.

Art. 27. Tout officier entrant comme élève à l'École de guerre s'engage, par ce seul fait, à servir au moins deux ans dans l'armée, pour chaque année qu'il aura passé à l'école.

Enseignement.

Art. 28. La durée des études à l'École de guerre est de trois années scolaires.

L'année scolaire est de dix mois; elle est divisée en deux parties : la première, du 1ᵉʳ octobre au 1ᵉʳ juillet, est consacrée à l'enseignement théorique, la seconde, du 1ᵉʳ juillet au 1ᵉʳ août, est consacrée à l'enseignement pratique et aux visites d'établissements militaires.

Les cours sont suspendus chaque année pendant huit jours, du 31 décembre au 7 janvier, et pendant quinze jours, lors des fêtes de Pâques.

Art. 29. Enseignement théorique. — Les matières enseignées sont réparties comme suit dans les trois années d'études.

1ʳᵉ ANNÉE.

* *Mathématiques*. — Géométrie descriptive, trigonométrie sphérique, géométrie analytique.

Artillerie. — Armes portatives. — Artillerie de campagne, — de place, — de siége, — de côtes.

Topographie. — Instruments. — Levés. — Dessins.

Géographie physique. — Géologie. — Météorologie. — Ethnographie. — Étude générale du sol de l'Europe. — Étude détaillée du sol de la Belgique.

Histoire générale. — Depuis les temps anciens jusqu'à l'abdication de Charles-Quint.

Histoire militaire. — * 1° Depuis les temps anciens jusqu'à l'invention de la poudre à canon.

2° Depuis l'invention de la poudre à canon jusqu'à l'époque de Frédéric II exclusivement.

Stratégie. — Stratégie proprement dite, opérations participant à la fois de la stratégie et de la tactique.

Tactique. — Tactique de chaque arme isolément. — Tactique des armes réunies.

Combats de localités. — Combats localisés.

Petite guerre.

Fortification. — Passagère ou de campagne.

Littérature française. — Exercices.

Langue anglaise.

Langue allemande.

Dessin du paysage.

Équitation. — Escrime.

2ᵉ ANNÉE.

* *Mathématiques*. — Calcul différentiel et intégral.

* *Mécanique*. — Cinématique, éléments.

* *Statique*. — De l'équilibre des forces en général. — Application du principe du travail aux machines; résistances nuisibles. — Pression des gaz.

* *Dynamique*. — Résolution des problèmes de mécanique. — Choc des corps. — Pendules.

* *Machines*. — Organes principaux des machines. — Transformations de mouvements. — Moteurs à vapeur. — Travail manœuvrier.

* *Astronomie*. — * *Géodésie*.

* *Physique.*

Artillerie. — Ponts. — Approvisionnements. — Services en campagne. — Guerre de siége. — Service dans les places.

Géographie politique et militaire. — Étude de l'Europe moderne et des principaux États des autres continents.

Histoire générale. — Depuis Charles-Quint jusqu'à la révolution française exclusivement.

Histoire militaire. — Depuis Frédéric II jusqu'à 1815; on étudiera dans les plus grands détails une campagne de Frédéric II et une campagne de Napoléon.

Tactique appliquée.

Fortification permanente. — Notions de fortification permanente. — Attaque et défense des places modernes.

Littérature française. — Continuation du cours de l'année précédente.

Langue anglaise.

Langue allemande.

Dessin du paysage.

Équitation. — *Escrime.*

3e ANNÉE.

Histoire générale. — Depuis la révolution française jusqu'à nos jours.

Histoire militaire. — Depuis 1815 jusqu'à nos jours; on étudiera dans tous ses détails une campagne moderne de la seconde moitié de ce siècle.

Chimie.

Service d'état-major. — Organisation des armées. — Administration. — Justice militaire. — Droit des gens.

Fortification. — Fortification permanente (continuation).

Hippologie.

Hygiène.

Langue anglaise.

Langue allemande.

Dessin du paysage.

Équitation. — *Escrime.*

Enseignement pratique.

1re ANNÉE.

Le mois de juillet est consacré aux levés et aux nivellements.

Pendant les mois d'août et de septembre, les élèves servent activement dans l'arme à laquelle ils appartiennent. Les officiers du génie peuvent être appelés à servir dans l'infanterie.

Les chefs de corps adressent au commandant de l'École de guerre, au plus tard le 15 octobre, un rapport sur la conduite et la manière de servir des officiers-élèves.

2e ANNÉE.

Le mois de juillet est consacré aux visites des établissements d'artillerie et à des exercices tactiques sur le terrain.

Pendant les mois d'août et de septembre, le service des officiers-élèves est le même que dans la première année.

3e ANNÉE.

Les 8 premiers jours du mois de juillet sont consacrés à la visite détaillée de la place d'Anvers. Les officiers-élèves font ensuite un voyage dit voyage d'état-major, sous la direction du professeur chargé d'enseigner les services d'état-major.

Ce voyage ne peut durer plus de quinze jours.

Art. 30. Le commandant de l'École de guerre peut disposer pour le service de l'établissement, des cabinets de physique et de chimie, ainsi que de la collection d'armes, du matériel d'artillerie et des modèles de toute nature appartenant à l'École militaire.

Art. 31. Les cours sont de deux espèces :

1° Cours obligatoires ;

2° Cours facultatifs.

Les cours obligatoires sont les suivants :

I. Artillerie, comprenant au moins 75 leçons d'une heure et demie.

II. Topographie, id.   id.   15   id.   id.

III. Géographie, id.   id.   90   id.   id.

IV. Histoire militaire. Depuis l'invention de la poudre à canon jusqu'à 1815, comprenant au moins 85 leçons d'une heure et demie.

V. Tactique. — Stratégie. — Histoire militaire depuis 1815 jusqu'à nos jours, comprenant au moins 130 leçons d'une heure et demie.

VI. Services d'état-major. — Administration. — Organisation des armées. — Droit des gens. — Justice militaire; comprenant au moins 120 leçons d'une heure et demie.

VII. Fortification. — Comprenant au moins 90 leçons d'une heure et demie.

VIII. Littérature française. — Comprenant au moins 100 leçons d'une heure et demie.

IX. Hygiène. — Comprenant au moins 30 leçons d'une heure et demie.

X. Hippologie. — Comprenant au moins 20 leçons d'une heure et demie.

XI. Anglais ou allemand. — Comprenant chacun au moins 150 leçons d'une heure et demie.

XII. Dessin de paysage. — Comprenant au moins 150 leçons d'une heure et demie.

Les cours facultatifs sont :

* I. Mathématiques et mécanique. — Comprenant au moins 120 leçons d'une heure et demie.

* II. Astronomie et géodésie. — Comprenant au moins 40 leçons d'une heure et demie.

Histoire militaire. — Depuis les temps anciens jusqu'à l'invention de la poudre à canon, comprenant au moins 25 leçons d'une heure et demie.

* III. Histoire générale. — Comprenant au moins 100 leçons d'une heure et demie.

* IV. Physique et chimie. — Comprenant au moins 60 leçons d'une heure et demie.

Histoire militaire. — Depuis les temps anciens jusqu'à l'invention de la poudre à canon, comprenant au moins 25 leçons d'une heure et demie.

Les leçons d'équitation sont obligatoires pour les officiers d'infanterie et du génie, ainsi que pour les officiers appartenant à l'artillerie de siége.

Tout officier-élève doit suivre un cours facultatif. L'officier-élève fait connaître dans le délai d'un mois après son entrée à l'École, le cours dont il a fait choix. Dès lors, ce cours devient obligatoire pour lui.

Frais de déplacement.

Art. 32. Lorsque les officiers-élèves doivent, pour les travaux de fin d'année, s'éloigner à plus de quinze kilomètres de la ville où est située l'École de guerre, ils reçoivent une indemnité de 3 fr. 75 par jour.

Les frais de transport des officiers-élèves par chemin de fer sont à charge du département de la guerre.

Examens pendant le séjour à l'École de guerre.

Art. 33. A la fin des cours théoriques des deux premières années scolaires et après le voyage d'état-major, le conseil des études fait subir des examens aux officiers-élèves.

Ces examens se font par écrit et de la manière suivante :

1º Chaque *professeur* adresse, en ce qui le concerne, au conseil des études, une série de sujets à traiter par les officiers-élèves. Le conseil des études approuve ou modifie, s'il le juge convenable, les questions proposées par les professeurs.

A la fin des deux premières années, les examens ne portent que sur les matières enseignées pendant chacune de ces années. A la fin des études, les examens portent sur les cours des trois ans.

2º Les questions admises par le conseil des études sont communiquées aux officiers-élèves. Il est posé plusieurs questions sur chaque branche de l'enseignement. L'officier-élève n'en doit traiter qu'une seule à son choix.

3º Le conseil des études fixe la durée de l'examen sur chaque cours. Cette durée ne peut être de plus de trois heures pour les examens de première et de seconde année.

Le conseil des études a toute latitude pour fixer la durée des examens de troisième année.

4º Les officiers-élèves de première et de seconde année ne peuvent se servir, pour les examens, que des notes qu'ils ont prises aux leçons. Les officiers-élèves de troisième année peuvent consulter tous les ouvrages qu'ils jugent utiles ; ils doivent faire connaître, dans une note spéciale, ceux auxquels ils ont eu recours.

5º Pendant les examens, les officiers-élèves sont réunis sous la surveillance d'un membre du conseil des études.

6º Les travaux des officiers-élèves sont d'abord remis aux professeurs. Ceux-ci en apprécient la valeur. Ils classent les officiers-élèves en donnant à chacun d'eux une cote de mérite comprise entre 0 et 20. Pour établir ce classement, ils tiennent compte et de l'examen final et des travaux de l'officier pendant tout son séjour à l'école.

Ils joignent à ce classement leur avis développé sur l'intelligence, sur l'application, sur les connaissances et sur les aptitudes particulières qu'ils ont pu constater chez chacun des officiers-élèves.

Les professeurs remettent ensuite au conseil des études les travaux des officiers-élèves avec le classement et les notes pour chacun d'eux.

7º Les maîtres de langue et de dessin et l'officier chargé d'enseigner l'équitation, remettent au conseil des études le classement des officiers-élèves en donnant à chacun d'eux une cote de mérite comprise entre 0 et 20.

8º Le conseil des études examine les travaux de fin d'année ; il décide, d'après ces travaux et d'après les notes données et le classement fait par les professeurs et par les maîtres, quels sont les officiers de 1re et de 2e année qui peuvent être appelés à suivre les cours de 2e et de 3e année.

Les officiers de 1re et de 2e année que le conseil des études n'a pas admis à suivre les cours de 2e ou de 3e année rentrent à leur corps.

Ils ne peuvent plus se présenter aux examens d'entrée.

9

9° Le conseil des études fait un classement par ordre de mérite, des officiers de 3° année; ce classement est établi en tenant compte de celui qui a été fait par les professeurs et par les maîtres pendant les trois années de séjour à l'école, des notes remises par les professeurs et des travaux de toute nature exécutés par les officiers-élèves.

Ce classement doit rester confidentiel; le conseil des études l'envoie au Ministre de la guerre, sous pli cacheté, en y joignant, dans un rapport détaillé, son opinion sur la valeur scientifique des officiers-élèves. Le commandant de l'École donne son avis sur leur conduite et sur leurs qualités militaires.

10° Le conseil des études signale les officiers-élèves qui, s'étant distingués par leurs travaux, ont en même temps des aptitudes toutes spéciales pour le service d'état-major. Ceux-ci font un stage d'un an dans une arme autre que celle à laquelle ils appartiennent.

11° Le conseil des études indique quels sont les officiers-élèves dignes de recevoir le diplôme *d'adjoints d'état-major*. Ce diplôme est conféré par arrêté royal.

12° Le recrutement du corps d'état-major se fait parmi les officiers-élèves signalés par le conseil des études et en cas d'insuffisance de ceux-ci, au choix parmi tous les adjoints d'état-major, sauf les exceptions stipulées à l'article suivant :

Art. 34. Ne peuvent en aucun cas être admis dans le corps d'état-major :

1° Les officiers âgés de plus de 85 ans ;

2° Ceux dont la conduite ou la manière de servir, depuis la sortie de l'École, a donné lieu à des plaintes fondées ;

3° Les officiers du grade de capitaine, plus anciens dans ce grade que le dernier des officiers admis dans le corps d'état-major, à moins qu'ils ne consentent à être classés après ces officiers moins anciens.

Art. 35. Les adjoints d'état-major qui appartiennent à l'infanterie ou au génie peuvent être désignés pour faire un stage d'au moins une année dans la cavalerie, et ceux qui appartiennent à la cavalerie et à l'artillerie, un stage d'au moins une année dans l'infanterie.

Renvoi de l'École de guerre.

Art. 36. Le commandant de l'École de guerre propose le renvoi des officiers-élèves pour inconduite, manque d'assiduité ou d'application, ou pour défaut de santé empêchant l'officier-élève de suivre les cours de l'École de guerre.

Art. 37. Les officiers de 1re et de 2e année qui, pendant les mois d'août et de septembre, ne serviront pas avec zèle, ou dont la conduite aura été répréhensible, ne pourront continuer leurs études à l'École de guerre.

Art. 38. Le renvoi motivé est prononcé par arrêté ministériel, sur le rapport du commandant de l'École de guerre.

Dispositions transitoires.

Art. 39. Les officiers actuellement à l'École de guerre subiront leurs examens conformément à ce qui est fixé par les articles 25, 26 et 33. Le conseil des études établira pour eux un classement par ordre de mérite, en tenant compte de tous les éléments d'appréciation.

Les officiers-élèves qui obtiendront un minimum de 10 points sur 20 seront nommés par le Roi adjoints d'état-major.

Art. 40. Les adjoints d'état-major nommés en vertu de l'article 39, seront, quelle que soit la date de leur sortie de l'École de guerre, classés par rang d'ancienneté sur une liste générale.

Ceux que le conseil des études aura signalés comme s'étant particulièrement distingués pendant les trois années d'études et aux examens de sortie, seront classés par rang d'ancienneté sur une liste spéciale.

Art. 41. Le recrutement du corps d'état-major se fera parmi ces adjoints, à l'ancienneté et au choix dans une proportion égale, c'est-à-dire que l'on admettra alternativement le premier de la liste générale et le premier de la liste spéciale, sauf les cas d'exclusion stipulés à l'article 34.

Dispositions générales.

Art. 42. Les officiers d'état-major sont tenus d'exercer, pendant un temps déterminé, les fonctions de leur grade dans les régiments d'infanterie, de cavalerie ou d'artillerie. Ce temps ne peut être inférieur à un an dans chaque grade.

Art. 43. Cette disposition n'est pas obligatoire pour les officiers qui se trouvent actuellement dans le corps d'état-major.

Toutefois le Ministre de la guerre peut l'appliquer, en tenant compte des besoins du service et de l'aptitude des officiers.

Art. 44. Les officiers d'état-major employés temporairement dans les régiments, sont remplacés par des adjoints du même grade ou d'un grade différent. Ces derniers ont droit aux mêmes allocations et indemnités que les officiers dont ils remplissent les fonctions.

Art. 45. En cas d'insuffisance momentanée du nombre des officiers composant le corps d'état-major, le Ministre de la guerre est autorisé à désigner des adjoints pour remplir temporairement les fonctions du corps spécial. Ces officiers sont alors détachés de leur corps pendant la durée de leur mission.

Art. 46. Lorsque l'École de guerre aura produit un nombre suffisant d'adjoints, c'est dans cette catégorie d'officiers que seront pris les aides-de-camp des généraux et, autant que possible, les adjudants-majors des régiments.

Art. 47. Les officiers-élèves se logent à leurs frais. Toutefois, ils peuvent être logés dans l'établissement lorsque les locaux le permettent.

ÉCOLE SPÉCIALE

DES SOUS-OFFICIERS D'INFANTERIE ET DE CAVALERIE.

L'éducation favorise, a-t-on dit, la discipline et le point d'honneur. Rien n'est plus vrai, et l'éducation n'est plus nécessaire, à notre avis, qu'au début de la carrière militaire. A une époque où le service obligatoire est imminent, parce qu'il est imposé par le cours naturel des choses, la bonne instruction et la bonne éducation des sous-officiers — ces premiers professeurs de toute armée — deviennent d'une nécessité absolue. Ce sont ces considérations, jointes au besoin d'avoir constamment des sous-officiers qui puissent, en temps de guerre, tenir la place des officiers et prendre parfois un commandement important, qui ont éveillé l'attentiou de nos Ministres et les ont portés à développer par tous les moyens les qualités morales et intellectuelles de nos cadres inférieurs. De là, les cours particuliers donnés dans nos régiments, l'obligation d'examens pour l'obtention du grade de sous-lieutenant, et enfin la création d'une École spéciale faisant partie de notre Académie de guerre.

Les dernières mesures prises par notre Ministre de la guerre, le lieutenant-général Guillaume, ont encore eu ce double but de régler l'avancement des sous-officiers, qui, jusqu'alors, avait lieu dans des conditions trop anormales pour que le favoritisme n'y eut une large part et ne fit obstacle conséquemment à l'émulation. Aujourd'hui, grâce à la sollicitude dont on entoure nos sous-officiers, la carrière militaire offre un avancement certain aux jeunes gens studieux que le goût des armes amène dans l'armée. Il nous faut bien reconnaître ici, que pendant de trop longues années, les nominations des sous-officiers au grade de sous-lieutenant, n'étaient faites qu'en vertu de règles qui variaient chaque jour, au grand détriment de l'équité et des véritables intérêts de l'armée.

Notre École spéciale des sous-officiers n'offre pas d'analogie avec les écoles similaires prussiennes. Dans l'école des cadets qui comprend six établissements, les jeunes gens qui servent pour devenir officiers doivent avoir obtenu dans un établissement d'éducation scientifique leur diplôme de bâchelier (abilurienter) ou être nommés, à la suite d'un examen militaire, porte-épée-faenriche. Il y a encore en Prusse trois écoles qui ne sont destinées qu'à former des sous-officiers pour l'armée (1). Elles sont alimentées par l'orphelinat militaire de Potsdam, la maison d'éducation d'Annaburg, et par des engagés volontaires, âgés de 17 à 20 ans; elles forment chacune un bataillon de quatre compagnies. Les trois années que les élèves passent à l'école comptent comme années de service, mais ils sont, en outre, tenus de rester sous les drapeaux le double du temps qu'ils ont passé à l'école. Ils doivent ainsi à l'État neuf années de service. Leur stage ne leur donne aucun droit pour être nommés sous-officiers; en sortant de l'école, ils entrent dans les rangs de l'armée comme simples soldats. Cependant, ceux qui se sont le plus distingués sont souvent promus immédiatement sous-officiers.

Comme on peut le voir, notre École diffère essentiellement des écoles d'Allemagne. Elle répond d'ailleurs parfaitement aux lois qui règlent l'avancement dans l'armée, et à l'article de notre Constitution qui proclame le droit de nos concitoyens à l'obtention de tous les emplois. Elle devient ainsi avec notre École militaire, la pépinière des officiers de notre infanterie et de notre cavalerie.

L'École spéciale des sous-officiers, établie provisoirement à Bruges, est sous le commandement du major d'infanterie Thonon, officier supérieur distingué, que de longues années consacrées à l'enseignement désignait à l'attention de M. le Ministre de la guerre.

(1) Il y a peut-être une certaine analogie entre ces écoles et notre École d'enfants de troupe.

Dispositions générales.

Art. 1ᵉʳ. Il est créé une École spéciale de sous-officiers d'infanterie et de cavalerie.

Art. 2. Cette École sera 'commandée par un officier supérieur, elle sera établie dans une ville à désigner par le Ministre de la guerre.

Art. 3. L'École spéciale des sous-officiers a pour but de donner, aux sous-officiers de l'infanterie et de la cavalerie, les connaissances scientifiques, littéraires et militaires que doit posséder tout officier.

Art. 4. Nul sous-officier n'est admis à l'École spéciale s'il n'a subi, avec succès, les examens sur les matières spécifiées au programme adopté pour les cours particuliers des sous-officiers.

Art. 5. Chaque année, l'École spéciale reçoit, jusqu'à concurrence du nombre fixé par le Ministre de la guerre, les sous-officiers qui sont proposés pour le grade de sous-lieutenant et qui ont satisfait à la condition déterminée par l'article 4.

Art. 6. L'École spéciale des sous-officiers forme une compagnie; en conséquence, le service intérieur, l'ordinaire, etc., sont réglementés de la même manière que les services correspondants d'une compagnie d'infanterie.

Elle est administrée conformément aux dispositions des articles 29, 30, 31 et 32 ci-après.

Art. 7. Les règlements en usage dans l'armée, sont applicables à l'École spéciale, pour autant qu'il n'y soit pas dérogé.

Art. 8. Dans les réunions militaires auxquelles l'École spéciale serait appelée, elle marche en tête des autres corps d'infanterie et de cavalerie, immédiatement après l'École militaire.

Elle est exempte de tout service de garnison.

Art. 9. Les autorités militaires ne peuvent requérir son concours que dans le cas de force majeure et pour un service d'ordre et de sûreté publique.

Art. 10. Les dépenses pour achat de matériel, frais de bureau, etc., sont imputées sur la masse des recettes et dépenses extraordinaires et imprévues des corps.

Art. 11. Un fonds spécial, destiné à payer ces dépenses, est formé près de l'Ecole, au moyen de sommes prélevées sur les dites masses, en vertu des ordres du Ministre de la guerre.

Art. 12. Un conseil d'administration règle toutes les dépenses et veille à tous les détails de l'administration intérieure.

Personnel.

Art. 13. L'École spéciale des sous-officiers comprend le personnel indiqué ci-après :

État-major :

Un officier commandant ;
Un officier-payeur ;
Un médecin.

Personnel enseignant :

Quatre capitaines ou lieutenants,
        professeurs ;
Quatre lieutenants ou sous-lieutenants,
        répétiteurs.

Cadre de l'École :

Un capitaine ;
Un lieutenant ;
Deux sous-lieutenants ;
Un sergent-major ;
Un fourrier ;
Deux tambours ;
Un clairon.

Il y aura de plus :

Un maître d'armes et ses prévôts ;
Le nombre de soldats nécessaires aux divers services.

Art. 14. Les quatre sections et les huit escouades de l'École, sont commandées par les douze sous-officiers les plus anciens, parmi ceux qui sont détachés, en commençant par les adjudants et ainsi de suite de grade en grade.

Ces douze sous-officiers concourent entre eux pour le service de semaine; les quatre premiers en qualité de chefs de section, et les huit derniers, comme chefs d'escouade.

Attributions du personnel.

Art. 15. Le commandant de l'École a la direction de toutes les branches de service, de l'instruction, de l'ordre et de la discipline.

Il assure l'exécution des arrêtés et décisions concernant l'École, l'autorité que les règlements en vigueur attribuent aux chefs de corps.

Il correspond directement avec le Ministre de la guerre.

Il préside le conseil d'administration.

Art. 16. Chaque jour, dans la matinée, il y a un rapport chez le commandant de l'École, l'officier de semaine et le sergent-major y assistent.

Le commandant statue sur les demandes et sur les punitions infligées, il peut modifier ou annuler les punitions, en ayant égard aux règlements et au bien du service.

Art. 17. Le commandant de l'École règle le service de surveillance, de police et de distributions; il fixe un jour par semaine pour les exercices et les inspections.

Art. 18. Le commandant de l'École tient le livre de punitions des officiers et celui des sous-officiers.

Art. 19. Il réunit les officiers (professeurs et instructeurs) en conférence chaque fois qu'il a à s'entendre avec eux, sur la marche de l'enseignement; chaque officier peut présenter les observations qu'il juge utiles au progrès des études.

Le résultat de ces délibérations est consigné dans un livre *ad hoc*.

Art. 20. Le commandant de l'École arrête le tableau du travail journalier, qu'il soumet à l'approbation du département de la guerre.

10

Art. 21. A la fin de chaque semestre, le commandant de l'École adresse, au département de la guerre, un rapport détaillé sur le progrès des élèves dans chaque branche d'instruction.

Le commandant de l'École signale en même temps les élèves qui, soit par défaut d'application, soit par défaut d'aptitude, soit enfin pour inconduite, se sont mis dans le cas d'être renvoyés dans leur régiment.

Art. 22. Lorsque les élèves de l'École spéciale sont arrivés au terme de leurs travaux, il en est donné avis au département de la guerre qui désigne les officiers appelés à faire partie de la commission d'examen.

Cette commission, composée de quatre officiers pris dans les différentes armes, sera présidée par un officier général.

Art. 23. Le capitaine du cadre de l'École exerce sous l'autorité du commandant, toutes les attributions dévolues par les règlements, à un commandant de compagnie ; il est responsable, envers le commandant de l'École, de l'ordre, de la propreté et de l'exécution de toutes les parties du service.

Art. 24. Le lieutenant et les sous-lieutenants du cadre de l'École ont la même responsabilité et les mêmes attributions que les règlements confèrent et imposent aux officiers de compagnie.

Art. 25. Le sergent-major du cadre de l'École est exclusivement chargé de la comptabilité.

Art. 26. Les officiers professeurs et répétiteurs sont sous les ordres immédiats du commandant de l'École.

Art. 27. L'officier-payeur est chargé de la comptabilité générale.

Art. 28. Le médecin dirige le service sanitaire de l'établissement.

Service de semaine.

Art. 29. Le service de semaine se fait conformément aux règlements en vigueur.

Art. 30. L'officier de semaine veille à ce que les locaux, où se donnent les cours, soient en ordre. Il prend soin de faire exécuter à temps, les signaux pour toutes les parties du service, y compris ceux à donner à l'heure des classes. Il s'assure de la présence des élèves dans les cours respectifs, et tient la main à ce qu'ils soient dans la tenue prescrite.

Art. 31. Les sous-officiers de semaine ne sont pas exempts des cours.

Art. 32. Il est commandé tous les jours, un tambour ou clairon pour le service des signaux.

Permissions.

Art. 33. Le commandant de l'École ne peut s'absenter pour plus de 48 heures, sans l'autorisation du département de la guerre.

Art. 34. Toutes les permissions de s'absenter de la garnison, sont demandées au rapport, par le capitaine du cadre.

Art. 35. Le commandant de l'École peut accorder des congés de un à trois jours : les demandes de congé pour un terme plus long sont soumises à l'approbation du département de la guerre.

Administration.

Art. 36. L'École s'administre comme un bataillon détaché.

Le conseil d'administration se compose du commandant de l'école, comme président, du commandant de la compagnie, et du plus ancien lieutenant du cadre comme commissaires, et de l'officier-payeur comme secrétaire.

Art. 37. Les attributions et la responsabilité du président, des commissaires et de l'officier-payeur sont identiques à celles des membres du conseil d'administration près d'un bataillon détaché.

Le conseil d'administration et l'officier-payeur se conforment aux instructions et aux règlements relatifs à la tenue des caisses, à la tenue et à l'établissement des registres, des contrôles et des pièces de comptabilité.

Art. 38. L'École est rattachée, mais pour la comptabilité seulement, à un régiment d'infanterie à désigner par le Ministre de la guerre.

Ce régiment fournit au conseil d'administration de l'École, les fonds qui lui sont mensuellement nécessaires pour payer les traitements des officiers, la solde des sous-officiers et soldats, les réparations et les dépenses spéciales de l'École.

Art. 39. Le commandant de la compagnie se conforme aux règlements et aux instructions qui régissent la comptabilité d'une compagnie d'infanterie, la tenue des livres d'administration, de décompte et de punitions, l'établissement des feuilles de revue, des feuilles de réserve et des autres pièces de comptabilité.

Art. 40. Les officiers détachés à l'École y sont pris en subsistance et portés en revue pour toutes leurs allocations.

Art. 41. Les sous-officiers et soldats détachés à l'École, y sont pris en subsistance avec masse. Ils doivent être pourvus de tous leurs effets d'habillement et d'équipement au grand complet.

Les objets d'habillement et d'équipement ainsi que les accessoires qui leur deviennent nécessaires par la suite, leur sont délivrés des magasins des corps auxquels ils appartiennent, à l'exception toutefois de ceux dont la forme et la couleur sont les mêmes pour tous les corps de l'armée. Ces derniers leur sont fournis par les magasins du régiment dont l'École fait administrativement partie.

Le conseil d'administration de l'École restreindra *à une seule par trimestre*, les demandes d'effets qu'il sera dans le cas d'adresser aux divers régiments.

Les réparations seront exécutées par des ouvriers civils ou militaires, d'après le prix du tarif adopté par le conseil d'administration de l'École. Les réparations à l'armement seront exécutées par un des armuriers militaires de la garnison.

Art. 42. Le commandant de l'École désignera un des officiers de la compagnie pour remplir les fonctions qui sont dévolues, dans les régiments, à l'officier d'armement.

Art. 43. Le commandant de l'École est responsable envers l'État, du matériel de casernement, du mobilier en général, de l'armement, de l'équipement, des objets de couchage, de l'habillement et de tout ce qui est en usage à l'École.

Le commandant de la compagnie, les chefs de peloton et l'officier de casernement, chacun pour ce qui les concerne, ont la même responsabilité envers le commandant de l'École.

Art. 44. Le commandant de l'École tient un registre-inventaire de tous les objets de mobilier, etc., en usage à l'École; le 31 décembre de chaque année, il envoie au département de la guerre, un extrait de ce registre, appuyé des procès-verbaux de mise hors de service.

Art. 45. Les objets de mobilier, de ménage, etc., usés par suite de l'emploi auquel ils sont destinés, peuvent seuls être mis hors de service et remplacés pour le compte de l'État, moyennant autorisation préalable.

Les objets détruits ou dégradés de toute autre manière, sont remplacés aux frais de ceux qui ont occasionné la dégradation.

Art. 46. Le commandant de l'École soumet au département de la guerre, à la fin de chaque trimestre, un devis approximatif des objets de toute espèce qui doivent être achetés pour l'usage de l'École pendant le trimestre suivant, tels que meubles, livres, papier, plumes, crayons, éponges, modèles, charbon, huile, etc.

Après examen, le département de la guerre renvoie ce devis approuvé au commandant de l'École et lui fait savoir de quelle manière le paiement sera effectué.

Art. 47. Le commandant de l'École tiendra un compte des recettes et des dépenses relatives aux frais spéciaux de l'École. Ce compte sera crédité des fonds que le département de la guerre fera prélever sur les masses des différents corps, et débité des dépenses pour achat de matériel, frais de bureau, fournitures pour les salles d'études, etc.

La situation de ce compte spécial sera renseignée au bas du devis trimestriel dont il est fait mention à l'article précédent.

Dispositions spéciales.

Art. 48. Les méthodes d'enseignement à l'École spéciale des sous-officiers, la distribution des heures de travail, la progression des études et la réglementation des examens trimestriels ou semestriels et de fin d'année, feront l'objet d'un règlement particulier et de mesures spéciales qui seront arrêtés par le commandant de l'École et soumis à l'approbation du département de la guerre.

Méthodes d'enseignement.

Langue française. — I. On suivra pour cette langue la grammaire de Noël et de Chapsal. Chaque leçon sera suivie de nombreux exercices d'après l'ouvrage du même auteur. Les exercices de style se feront principalement sur les rapports militaires.

Mathématiques. — II. On suivra pour l'arithmétique l'ouvrage de Cirodde, en y apportant les modifications qui seront jugées nécessaires par le degré d'instruction des élèves. Il en sera de même en algèbre et en géométrie, matières pour lesquelles on suivra Lefébure de Fourcy et Blanchet.

Histoire et géographie. — III. Les cours d'histoire et de géographie seront donnés d'après les ouvrages de Genonceaux et de Mouzon. — Plusieurs cartes physiques et politiques de la Belgique seront dressées par les élèves.

Flamand. — IV. Les élèves seront divisés en deux sections : celle des wallons et celle des flamands. Les leçons seront données à la section des wallons par le professeur; elles le seront à la section des flamands, sous la surveillance du professeur, par un sous-officier choisi parmi les plus avancés et les plus anciens.

Dessin linéaire. — V. Le dessin linéaire et à la plume sera enseigné d'après la méthode de l'École militaire. On s'occupera d'abord des figures géométriques, ensuite de la lecture des cartes, de la copie des petits levés et enfin de l'exécution de quelques croquis militaires. (Application de la 7e partie de l'école de compagnie.)

Observations générales.

1° La première partie de chaque leçon sera consacrée à une interrogation sur la leçon précédente; pendant la seconde partie, les élèves prendront des notes, et à l'étude qui suivra, ils inscriront ces notes dans un cahier au net.

2º Le répétiteur assistera à la leçon et à l'étude; pendant cette dernière, il circulera dans la salle et expliquera aux élèves ce qu'ils n'auront pas bien compris.

3º Les cahiers au net seront examinés et paraphés par le professeur ou par le répétiteur.

4º Les élèves qui auront mis de la négligence dans la transcription de la leçon, seront signalés au commandant de l'École.

5º Les professeurs et répétiteurs feront pendant les études des interrogations au cabinet. Ces interrogations auront principalement lieu pour les élèves les moins avancés.

Tableau indiquant la distribution des heures de travail.

LUNDI.	MARDI.	MERCREDI.	JEUDI.	VENDREDI.	SAMEDI.
6 heures. Réveil.					
6 3/4. Déjeûner.					
7 1/4. Départ pour l'école.					
7 1/2 à 9. Étude.					
9 à 9 1/2. Repos.					
9 1/2 à 11. Mathématiques.	Français.	Mathématiques.	Flamand.	Mathématiques.	Français.
11 à 12. Étude.					
12. h. Rentrée à la caserne.					
12 1/2. Dîner.					
2 h. Départ pour l'école.					
2 1/4 à 3 3/4. Français.	Flamand.	Histoire.	Mathématiques.	Français.	2 à 4, consacrées aux inspections, théories, etc.
3 3/4 à 4 1/4. Repos.					
4 1/4 à 5 3/4. Étude.	Administration.	Étude.	Administration.	Géographie.	
6 h. Souper.					

Tableau indiquant la progression des études.

BRANCHES DE L'ENS.	1er TRIMESTRE.	2e TRIMESTRE.	3e TRIMESTRE.	4e TRIMESTRE.
Langue française.	Étude de la 1re partie de la grammaire. — Nombreux exercices d'orthographe et d'analyse grammaticale.	Analyse logique. — Étude de la 2e partie de la grammaire jusqu'au pronom. — Exercices d'orthographe et d'analyse grammaticale.	Syntaxe du pronom et du verbe. — Exercices de rédaction.	Fin de la grammaire. — Rapports militaires. (Applications de la 2e partie de l'école de compagnie.) — Rédactions diverses.
Langue flamande. 1re section (Bruxel).	Prononciation. — Déclinaison en *G.* et *d.* — Présent de l'indicatif et imparfait du *zyn* et *hebben*. — Thèmes. — Versions.	Déclinaison en *G.* et *d.* ou *D.* — Conjugaison des verbes *zullen*, *zyn*, *hebben* et *worden*. — Formation du pluriel. — Nombres cardinaux et ordinaux. — Déclinaisons du pluriel. — Thèmes. — Versions.	Verbes. — Catégories. — Formation des temps. — Verbes pronominaux. — Compulsés. — Passés et présents. — Versions. — Thèmes.	Verbes départementaux et irréguliers. — Thèmes. — Versions. Rédactions en style familier.
2e section (Nivem.)	Alphabet. — Genres. — Cas. — Présent indicatif et imparfait de *zyn*. — Déclinaisons à *l.d.* au *N.* — Petites phrases à traduire. — Vocabulaire des mots les plus usuels et surtout des mots usités dans la caserne. Lecture à haute voix.	Vocabulaire. — Indicatif présent et imparfait de *hebben*. — Déclinaisons à *l.d.* Phrases à traduire.	Vocabulaire. — Plus-que-parfait. — Déclinaisons (*G.* et *D.*). — Verbe *zullen*.	Verbes *zyn*, *hebben* et *worden*. — Formation des temps des verbes réguliers permanents. — Formation du pluriel. Nombres cardinaux et ordinaux.
Arithmétique.	Opérations fondamentales des nombres entiers et des fractions ordinaires. Applications nombreuses.	Fractions décimales. — Système métrique. — Nombre complet.	Extraction des racines carrées et cubiques. — Rapports,propor tions.	Progressions et logarithmes.
Algèbre.	Notions préliminaires. — Calcul algébrique jusqu'à la division des polynomes. Problèmes et applications.	Division des polygones. — Équations du 1er degré à une inconnue.	Équations du 1er degré à plusieurs inconnues.	Équations du 2e degré à plusieurs inconnues.
Géométrie et dessin.	Préliminaires. — Les vingt premières propositions. — Notions préliminaires de dessin linéaire.	Les dernières propositions du 1er livre. Éléments de géométrie.	Quelques applications du livre de géométrie. — Dessin à la plume. — Copie de levés et de croquis.	Dessin à la plume. — Dessin et croquis militaires.
Histoire générale.	Quelques notions élémentaires sur les Hébreux, les Égyptiens, les Perses et les Romains.	*Événements* principaux du moyen-âge.	Histoire moderne jusqu'à Louis XV.	Révolution française et événements contemporains.
Histoire de Belgique.	Jusqu'au règne de Philippe-le-Bon.	Jusqu'à la naissance de Charles-Quint.	Jusqu'à Joseph II.	Jusqu'à nos jours.
Géographie générale.	Géographie physique de l'Europe.	Carte physique de l'Europe.	Géographie politique des pays voisins de la Belgique. — Voies de communications intercontinentales.	Carte politique de l'Europe comprenant: la France, la Prusse, la Hollande, l'Angleterre et la Belgique.
Géographie de la Belgique.	Notions générales de géographie physique. — Aspect et division.	Tracé de la carte physique de la Belgique. Géographie politique.	Tracé de la carte politique de la Belgique. — Voies de communication.	Tracé détaillé de la carte de la Belgique, avec toutes les voies de communication. Détail des produits du sol par province.
Administration.	La comptabilité d'une compagnie, escadron ou batterie et les prestations en général.	La manière d'établir tous les nombreux états de la Belgique et la géographie politique.	Les connaissances voulues pour être chargé provisoirement des fonctions d'officier-payeur d'un bataillon détaché.	Les connaissances voulues pour être chargé provisoirement des fonctions d'officier-payeur d'un bataillon détaché.

Examens.

1° A leur entrée à l'École, les élèves feront un travail par écrit qui donnera la mesure de leurs connaissances dans les diverses branches de l'enseignement.

2° A la fin de chaque trimestre, les élèves passeront un nouvel examen écrit, sur les matières enseignées, de manière à ce qu'on puisse juger facilement des progrès réalisés.

3° Afin de permettre aux élèves d'étudier leur examen de fin d'année, les professeurs termineront leurs cours au moins quinze jours avant la date fixée par le Ministre de la guerre.

4° Le travail sera évalué d'après le produit de la cote de mérite par la cote d'importance. Les cotes de mérite seront représentées par des nombres compris entre 0 et 20.

5° Quant aux cotes d'importance, elles seront fixées de la manière suivante :

Langue française	20
Langue flamande	12
Arithméthique	15
Algèbre.	10
Géométrie.	10
Dessin.	12
Histoire	8
Géographie	8
Administration.	5
	100 points.

Mesures générales.

1° Il est commandé chaque semaine un officier, désigné par le commandant de l'École, pour la surveillance des études.

2º Cet officier fera exécuter les sonneries nécessaires pour l'entrée en classe et la sortie.

3º Lorsque les élèves entreront en classe, ils se tiendront debout à leur place et ne s'asseyeront que sur l'autorisation du professeur.

4º Tous les élèves se lèveront lorsque le commandant de l'École entrera dans la salle d'études.

5º Il est défendu aux élèves de s'occuper pendant les leçons ou les études de choses étrangères au cours.

6º Tout élève qui aura dégradé quelque partie du mobilier, ou bien égaré ou détérioré un livre ou tout autre objet classique qui lui aura été confié, paiera le montant de la dégradation et, en outre, sera passible d'une punition disciplinaire.

7º Il pourra être accordé aux élèves deux congés vers le nouvel an et aux fêtes de Pâques.

L'ÉCOLE DE CAVALERIE.

L'École de cavalerie a pour objet de perfectionner et d'instruire les officiers des corps de troupes à cheval dans toutes les connaissances nécessaires à l'officier de cavalerie et spécialement dans les principes d'équitation; de former des instructeurs, appelés à propager, dans les régiments, un mode d'instruction uniforme, et de créer des maréchaux-ferrants et des trompettes pour les besoins du service militaire.

Un arrêté du 10 décembre 1847, qui portait organisation d'une École d'équitation, fut rapporté le 23 juin 1853. Le 24 mars 1860, un arrêté royal, contre-signé par le Ministre de la guerre, le lieutenant-général baron Chazal, décréta la reconstitution et la réorganisation de l'École d'équitation. Enfin, l'arrêté royal du 15 avril 1868 sur la nouvelle organisation de l'armée, fixa de nouveau la composition du cadre de la dite École.

L'École de cavalerie de Belgique, comparée aux établissements similaires des puissances étrangères, représente l'école de cavalerie de Saumur, l'école d'équitation de Hanovre et l'école militaire de cavalerie de Pignerole. Annexée à l'Académie militaire, elle est aujourd'ui sous le commandement du lieutenant-colonel Courtin, l'un de nos jeunes officiers supérieurs et l'un des types les plus distingués du cavalier.

Personnel.

Un officier supérieur, commandant.
Un médecin de bataillon, professeur d'hygiène.
Un vétérinaire de 1re classe, professeur d'hyppologie.
Deux capitaines commandants d'escadron.
Deux capitaines en second.
Quatre lieutenants.
Quatre sous-lieutenants.
Un adjudant-sous-officier.
Deux maréchaux-des-logis-chefs.
Un trompette-major.
Douze maréchaux-des-logis.
Deux maréchaux-des-logis-fourriers.
Vingt-quatre brigadiers.
Six trompettes.
Quatre maréchaux-ferrants.
Deux cent dix cavaliers.
Ce personnel constitue l'état-major.
Un vétérinaire de 2e classe, un lieutenant-officier-payeur, un lieute-
nant et un sous-lieutenant de cavalerie sont encore détachés à l'École
et placés à la suite du cadre.

Escadron d'instruction.

Les officiers et autres militaires appelés à suivre les cours, forment
l'escadron d'instruction qui est composé de :
Une division d'officiers d'instruction.
    Id.   d'officiers-élèves.
    Id.   de sous-officiers d'instruction.
    Id.   de brigadiers d'instruction.
    Id.   d'élèves-maréchaux-ferrants.

Les officiers, sous-officiers et brigadiers d'instruction et les élèves-maréchaux-ferrants, sont choisis dans les régiments de cavalerie et d'artillerie. Ils sont désignés tous les ans par les inspecteurs généraux. Les officiers qui sortent de l'École militaire en qualité de sous-lieutenants pour servir dans la cavalerie et dans l'artillerie, forment la division d'officiers-élèves. Les militaires de tous grades détachés à l'École, doivent y amener leurs chevaux et s'en servir pour les exercices et le travail au manége. Ils doivent être montés d'une manière convenable.

Cours d'instruction.

L'instruction de l'École de cavalerie est toute militaire.

Un conseil d'instruction composé du commandant de l'École et de deux capitaines, est chargé de la haute direction de l'enseignement.

A la fin de chaque trimestre, le conseil d'instruction fait subir des examens aux élèves de chaque division.

Un jury d'examen, présidé par un officier général ou par un officier supérieur, et dont l'inspecteur vétérinaire fait partie, procède, à la fin de chaque année d'études, aux examens de sortie.

PROGRAMME

DES ÉTUDES POUR LES DIFFÉRENTES DIVISIONS D'ÉLÈVES.

1re DIVISION.

OFFICIERS D'INSTRUCTION.

Instruction pratique.

Les quatre premiers titres de l'ordonnance.

Équitation militaire (les quatre leçons du cavalier).

Équitation d'école en selle anglaise.
Dressage des jeunes chevaux.
Gymnastique, voltige, escrime.
Paquetage et ajustage du harnachement.
Retour sur les trois premiers titres de l'ordonnance.

Instruction théorique.

Les cinq titres de l'ordonnance.
Projet de règlement d'équitation de 1844 (ce qui regarde les instruc-
teurs, le dressage des chevaux de remonte et la leçon préliminaire).
Règlement sur le service intérieur.
     Id.   de garnison.
     Id.   de sûreté et des armées en campagne.
Code pénal militaire. — Code de procédure militaire.
Règlement de discipline.
Nomenclature et entretien de l'armement.
Règles de tir.
Nomenclature, ajustage et entretien du harnachement.
Éléments d'administration.
     Id.   d'hygiène.
Cours abrégé d'hippologie.

2ᵉ DIVISION.

OFFICIERS-ÉLÈVES.

Instruction pratique.

Les trois premiers titres de l'ordonnance.
Équitation militaire (les quatre leçons du cavalier).
Équitation d'école en selle anglaise.
Gymnastique, escrime, voltige.
Paquetage et ajustage du harnachement.
Retour sur les écoles du cavalier et du peloton, à pied et à cheval.

Instruction théorique.

Les cinq titres de l'ordonnance.
Règlement sur le service intérieur.
       Id.   de garnison.
       Id.   de sûreté et des armées en campagne.
Code pénal militaire.
Code de procédure militaire.
Règlement de discipline.
Nomenclature et entretien de l'armement.
Règles de tir.
Nomenclature, ajustage et entretien du harnachement.
Éléments d'administration.
       Id.   d'hygiène.
Cours abrégé d'hippologie.
Le code pénal, de procédure et le titre V, ne seront enseignés aux officiers-élèves que pour autant qu'ils connaîtront les autres branches indiquées au programme et qu'il restera du temps disponible.

3ᵉ DIVISION.

———

SOUS-OFFICIERS D'INSTRUCTION.

———

Instruction pratique.

Les trois premiers titres de l'ordonnance.
Équitation militaire (les quatre leçons du cavalier).
Équitation d'école en selle anglaise.
Gymnastique, escrime, voltige.
Paquetage et ajustage du harnachement.
Retour sur les écoles du cavalier et du peloton, à pied et à cheval.

Instruction théorique.

Les trois premiers titres de l'ordonnance.
Règlement sur le service intérieur.
     Id.   de garnison.
     Id.   de sûreté et des armées en campagne.
Le sous-officier sur le terrain.
Nomenclature et entretien de l'armement.
Règles de tir.
Nomenclature, entretien et ajustage du harnachement.
Éléments d'administration.
     Id.   d'hygiène.
Cours abrégé et pratique d'hippologie.

4ᵉ DIVISION.

BRIGADIERS D'INSTRUCTION.

Instruction pratique.

Les trois premiers titres de l'ordonnance.
Équitation militaire (les quatre leçons du cavalier).
Équitation d'école en selle anglaise.
Gymnastique, escrime, voltige.
Paquetage et ajustage du harnachement.
Retour sur les écoles du cavalier à pied et à cheval et sur les trois premiers articles de l'école du peloton à pied.

Instruction théorique.

Les écoles du cavalier et du peloton, à pied et à cheval.
Règlement sur le service intérieur.

Règlement sur le service de garnison.

Id.   Id.   de sûreté et des armées en campagne.

Nomenclature et entretien de l'armement.

Règles de tir.

Nomenclature, entretien et ajustage du harnachement.

Éléments d'administration.

Id.   d'hygiène.

Cours abrégé et pratique d'hippologie.

6ᵉ DIVISION.

ÉLÈVES-MARÉCHAUX-FERRANTS.

Instruction pratique.

Instruction du cavalier à pied et à cheval.

Travaux à la forge.

Paquetage.

Instruction théorique.

Sur tous les travaux exécutés à la forge.

OBSERVATIONS GÉNÉRALES.

Instruction pratique.

L'Instruction pratique du règlement sur l'exercice et les manœuvres de la cavalerie consiste en une instruction mutuelle appelée *Retour*. Les élèves étant réunis par classe, l'un d'eux, à tour de rôle, en prend le commandement, sous la surveillance et la direction de l'instructeur de la classe.

L'Équitation militaire, consiste à exécuter correctement les quatre leçons du cavalier; le travail individuel en usage; l'escrime du sabre et de la lance (instruction française de 1867) et le saut des obstacles de toutes natures.

L'Équitation d'école consiste à exécuter les 2e et 3e leçons du traité d'équitation de 1844, et quelques figures de carrousel, en selle et bride anglaises au manége et dans la carrière.

La Voltige se fait telle qu'elle est prescrite à l'école du cavalier à cheval.

L'Escrime comprend :

1° La pointe; 2° l'espadon; 3° le bâton, et 4° la canne royale.

Pour le paquetage et l'ajustage du harnachement, chaque élève paquettera un cheval et ajustera un hanarchement entièrement démonté, jusqu'à connaissance parfaite.

Instruction théorique.

Pour l'instruction théorique on s'attachera surtout à ce que les élèves comprennent bien l'esprit des règlements.

On fera souvent des conférences sur les parties enseignées; le récit littéral ne sera exigé que pour l'art. 1er des bases de l'instruction, les écoles du cavalier et du peloton à pied et à cheval.

Le Cours d'hippologie sera donné d'une façon pratique et plus ou moins abrégée selon le degré d'instruction des classes et la position hiérarchique des élèves.

TABLEAU GÉNÉRAL *des points fixés pour chaque branche de l'instruction.*

		Points
ÉQUITATION	Solidité, conduite du cheval. MILITAIRE.	15
	Tact et finesse des aides. D'ÉCOLE.	15
RÈGLEMENTS	Sur l'ordonnance.	15
	Sur le service intérieur.	5
	Sur le service de garnison.	5
	Sur le service de campagne et de sûreté.	15
	Traité de 1844.	10
	Code pénal et de procédure milre. Règlement de discipline.	5
	Aplomb, intelligence de l'instruction. Énergie, intonation.	10
	Cours d'hippologie.	10
	Gymnastique et voltige.	5
	Escrime.	10
	Paquetage, ajustage et nomenclature du harnachement.	10
	Armement.	5
	Règles de tir.	5
	Cours d'administration.	5
	Cours d'hygiène.	5
	TOTAL.	150

TABLEAU *de travail pour les divisions.*

LUNDI, MERCREDI, VENDREDI.

1re DIVISION.	2e DIVISION.	3e DIVISION.	4e DIVISION.	6e DIVISION.
7 à 8. Théorie sur l'ordonnance.	7 à 8. Théorie sur l'ordonnance.	7 à 8. Manége n° 2.	7 à 7 3/4. Manége n° 1.	7 à 8. Manége n° 5.
8 à 9. Manége n° 2.	8 à 9. Manége n° 1.	8 à 9. Escrime.	8 à 9. Escrime.	8 1/2 à 10. ⎫ Travaux théoriques
9 à 10. Escrime.	9 à 10. Escrime.	9 à 10. Théorie sur l'ordonnance.	9 à 10. Théorie sur l'ordon^ce.	11 à 5. ⎬ et pratiques à la
11 à 12. Manége n° 2.	11 à 12. Manége n° 1.	11 à 12. Hippologie.	11 à 12. Exercice à pied.	⎭ forge.
12 à 1. Cours d'hippologie.	12 à 1. Cours d'hippologie.	12 à 1. Gymnastique, voltige.	12 à 1. Théorie sur les serv^ce.	
1 à 2. Gymnastique, voltige.	1 à 2. Gymnastique, voltige.	1 à 2. Manége n° 1.	1 à 2. Manége n° 2.	

MARDI, JEUDI, SAMEDI.

7 à 8. Théorie sur l'ordonnance.	7 à 8. Théorie sur l'ordonnance.	7 à 8. Manége n° 2.	7 à 7 3/4. Manége n° 1.	
8 à 9. Manége n° 2.	8 à 9. Manége n° 1.	8 à 9. Escrime.	8 à 9. Escrime.	
9 à 10. Théorie sur les services.	9 à 10. Théorie sur les services.	9 à 10. Théorie sur l'ordonnance.	9 à 10. Théorie sur l'ordon^ce.	Comme les lundi, mercredi
11 à 12. Manége n° 2.	10 à 12. Manége n° 1.	11 à 12. Exercice à pied.	11 à 12. Hippologie.	et vendredi.
12 à 1. Interrog^on sur l'hippologie.	12 à 1. Interrog^on sur l'hippologie.	12 à 1. Théorie sur les services.	12 à 1. Gymnastique, voltige.	
1 à 2. Gymnastique, voltige.	1 à 2. Gymnastique, voltige.	1 à 2. Manége n° 1.	1 à 2. Manége n° 2.	

Observation. — Les services seront enseignés dans l'ordre suivant : le service intérieur, puis le service de garnison, en suivant l'ordre du programme.

L'ÉCOLE DES ENFANTS DE TROUPE.

Cette École fut instituée en 1847, dans le but de donner aux enfants de troupe une instruction et une éducation convenables. La sollicitude dont le Gouvernement entoura cet établissement, le dévouement et l'abnégation que les officiers, directeur et professeurs, montrèrent dans leur difficile et délicate mission, ont fait à l'École des enfants de troupe une renommée justement méritée. Les résultats obtenus jusqu'ici parlent mieux en sa faveur que tout ce que nous pourrions ajouter; et peut-être nous sera-t-il permis de dire que, dans le cas présent, les chiffres que nous soumettons à nos lecteurs, ont une véritable éloquence.

Depuis que l'École existe 1,550 élèves ont été incorporés dans nos différents régiments comme caporaux, soldats recommandés, soldats ou élèves-tambours et clairons; 234 ont été congédiés par défaut de taille ou inaptitude au service militaire; 23 sont décédés à l'établissement et 230 sont aujourd'hui officiers dans l'armée, parmi ces derniers on en compte plusieurs qui sont dans les armes spéciales.

Développer les aptitudes physiques et intellectuelles des enfants de troupe, élever leur cœur, les diriger dans la voie du bien, suppléer aux soins attentifs de parents, absents ou morts, former enfin les élèves aux fatigues et aux exigences du métier des armes, tel est le but poursuivi à l'École des enfants de troupe de Belgique. Tout le personnel enseignant concourt par son zèle et son dévouement à la mission qui lui est confiée par le Gouvernement et à laquelle le pays ne saurait rester indifférent.

L'École des enfants de troupe est placée sous le commandement du major Vanden Bogaerde, officier supérieur d'un grand mérite, que ses longs et patients services signalent à la reconnaissance des gens qui se préoccupent de la question de l'enseignement.

Les règlements en vigueur dans l'établissement sont dus au lieutenant-colonel Dumoulin, qui en fut de nombreuses années le commandant et qui, par son savoir, y établit des traditions toujours honorées.

Conditions d'admission.

Sont seuls admis à l'École :

Les fils légitimes, âgés de douze ans accomplis au moins et de treize ans au plus.

1° Des soldats, caporaux, brigadiers et sous-officiers de toutes armes, des conducteurs d'artillerie, des gardes du génie, des employés du service administratif, du service de santé, en activité, pensionnés, retirés du service ou décédés ;

2° Des employés civils subalternes du ministère de la guerre ;

3° Des officiers et employés assimilés au grade d'officier, en activité, en non activité ou à la réforme, pensionnés, retirés du service ou décédés.

Les orphelins et les enfants de militaires qui ont perdu leur père ou leur mère peuvent être admis à l'âge de huit ans.

L'admission est prononcée par le Ministre de la guerre.

L'enfant admis est tenu de contracter, avec le consentement de ses parents ou tuteurs, l'engagement de servir dans l'armée jusqu'à sa vingt-quatrième année accomplie. Cet engagement n'est validé qu'après avoir été homologué par le Ministre de la guerre.

La taille des enfants pour l'entrée à l'École est fixée à 1m30.

L'enfant proposé pour l'admission est soumis à la visite d'un officier de santé, qui devra s'assurer qu'il est de bonne constitution et sans défauts physiques ou intellectuels, qui le rendraient impropres au service militaire.

A l'âge de quinze ans, les enfants sont soumis à une nouvelle visite de l'officier de santé, qui doit juger de leur aptitude physique pour le service militaire.

Les enfants qui, parvenus à l'âge de quinze ans, ne sont pas jugés propres à l'état militaire, sont rendus à la vie civile. Ceux d'entre eux qui auront mérité quelque encouragement par leur bonne conduite, pourront continuer à faire partie de l'École jusqu'à l'âge de seize ans. Dans ce cas, ils seront, par les soins du commandant, placés en apprentissage avant d'être livrés à eux-mêmes.

Ceux qui n'ont pas la taille minimum de 1m45, peuvent être proposés pour une prolongation de séjour d'un an.

Dans les circonstances ordinaires, alors que l'inconduite aura résisté à toutes les punitions, le Ministre de la guerre prononce le renvoi immédiat de l'École; ce renvoi annule l'engagement.

L'enfant de troupe ainsi renvoyé ne pourra plus être reçu comme volontaire dans aucun corps de l'armée, sans l'autorisation spéciale du Ministre de la guerre.

L'époque de la sortie de l'École, pour entrer dans l'armée, a lieu, en règle générale, dans l'année où les enfants de troupe ont accompli leur seizième année.

Dans le cas d'insuffisance de l'instruction acquise, cette époque pourra être prorogée d'une année, passée laquelle l'enfant de troupe sera envoyé définitivement dans l'armée comme soldat, élève tambour ou trompette, s'il n'est trouvé avoir acquis les connaissances exigées.

Les enfants admis à l'École postérieurement à l'âge de douze ans peuvent y être maintenus jusqu'à leur dix-huitième année; ceux d'entre eux qui n'auraient pas fait alors preuve de connaissances suffisantes peuvent être incorporés dans l'armée comme soldats ou tambours.

Le Ministre de la guerre statue sur les propositions de passage dans l'armée des enfants de troupe qui sont parvenus à l'âge requis. Leur admission en qualité de caporal, brigadier ou sous-officier est subordonnée aux résultats d'un examen.

Mode d'enseignement & préceptes d'éducation.

L'École est divisée en six pelotons, comprenant trois années d'études et un cours supérieur.

Un 7ᵉ peloton institué récemment forme le cours préparatoire.

Les enfants sont placés dans les trois premières années d'études d'après le degré de leur instruction. Ils ne sont admis au cours supérieur qu'avec l'autorisation du Ministre de la guerre.

Une salle d'étude est affectée à chaque peloton.

Les leçons sont courtes, bien graduées et doivent offrir un enchaînement continu.

PROGRAMME DES ÉTUDES.

1ʳᵉ année d'étude.

1. Instruction religieuse.
2. Lecture française et flamande.
3. Écriture.
4. Grammaire française jusqu'au pronom exclusivement.
5. Arithmétique: Les quatre opérations fondamentales sur les nombres entiers pratiquement. — Calcul mental.
6. Histoire sainte: Lectures.
7. Géographie de la Belgique.

Définitions. — Bornes. — Division territoriale. — Division militaire. — Division ecclésiastique. — Armée. — Garde civique. — Population. — Nature du sol. — Productions du sol. — Industrie. — Couleurs nationales. — Pavillon. — Décorations. — Caractère et mœurs des Belges. — Langage. — Instruction publique.

8. Dessin linéaire à vue.
9. Théorie: 1ʳᵉ partie de l'École du soldat. — Lecture du code de discipline.
10. Exercice. — Gymnastique. — Escrime. — Danse. — Natation.
11. Musique vocale.

2e année d'étude.

1. Instruction religieuse.
2. Lecture française et flamande.
3. Écriture.
4. Grammaire française : Le pronom, — les verbes, — mots invariables.
5. Arithmétique : pratiquement. — Les fractions ordinaires. — Les fractions décimales. — Le système métrique. — Problèmes.
6. Histoire sainte : Lectures.
7. Histoire de la Belgique : Résumé sur les origines. — Événements de 409 à 1106.
8. Géographie de la Belgique : Ports de mer. — Les principaux cours d'eau. — Canaux. — Eaux minérales.
9. Dessin linéaire à vue.
10. Théorie : 1re et 3e partie de l'École du soldat. — Lecture du code de discipline et du service intérieur.
11. Exercice. — Gymnastique. — Escrime. — Danse. — Natation.
12. Musique vocale.

3e année d'étude.

1. Instruction religieuse.
2. Calligraphie.
3. Grammaire française : Syntaxe du substantif, — de l'article, — de l'adjectif, — du participe présent, — du participe passé. — Analyse grammaticale. — Analyse logique. — Style.
4. Lecture française et flamande. — Exercices de mémoire. — Versions.
5. Arithmétique : Théorie des quatre opérations fondamentales, — des fractions ordinaires et décimales. — Problèmes.
6. Histoire sainte : Lectures.
7. Histoire de la Belgique, de 1106 à 1477.
8. Géographie : Définition des termes. — Notions générales sur l'Europe.
9. Dessin linéaire à vue : Maniement du tire-ligne.

10. Théorie: L'École du soldat et les trois premières leçons de l'École de peloton. — Interrogations sur le code de discipline, le service intérieur et celui de garnison.

11. Exercices. — Gymnastique. — Escrime. — Danse. — Natation.

12. Musique vocale.

*

Cours supérieurs.

1. Instruction religieuse.

2. Calligraphie.

3. Grammaire française: Syntaxe du pronom, — du verbe. — Emploi des temps du subjonctif. — Adverbe. — Préposition. — Conjonction. — Interjection. — Observations particulières. — Exercices de style.

4. Lecture française et flamande. — Exercice de mémoire. — Versions.

5. Arithmétique. — Théorie de la divisibilité des nombres. — Recherche du plus grand commun diviseur. — Système métrique (au complet). — Fractions périodiques. — Propositions. — Extraction des racines carrées et cubiques des nombres (pratiquement). — Problèmes.

6. Abrégé d'histoire générale.

7. Histoire de la Belgique, de 1477 à 1830.

8, Cours complet de l'administration d'une compagnie.

9. Géographie: Notions détaillées sur les principaux États de l'Europe.

10. Géométrie: Les principales propositions des deux premiers livres de la géométrie de Legendre.

11. Dessin linéaire exact.

12. Fortification: premiers éléments.

13. Théorie: École de peloton (en entier). — Progressions de l'École de bataillon et de celle des tirailleurs. — Lectures du règlement sur le service des armées en campagne.

14. Exercice. — Gymnastique. — Escrime. — Danse. — Natation.

15. Musique vocale.

Examens.

L'année scolaire commence le 1ᵉʳ lundi d'octobre et finit le 14 septembre.

Pendant la dernière quinzaine du mois de septembre, les cours sont suspendus, et les enfants de troupe peuvent, si leurs parents le désirent, jouir d'un congé.

Dans le dernier mois de chaque semestre, il y un examen général dans toutes les classes.

Cet examen est fait par le commandant de l'École, assisté de deux officiers. Le chef du peloton examiné ne peut faire partie des examinateurs ; néanmoins il est présent et peut poser lui-même les questions qui lui sont indiquées.

L'examen comprend toutes les matières enseignées et se compose, pour les lettres et les sciences, d'une épreuve écrite et d'une épreuve orale ; pour les divers exercices, l'épreuve consiste en une exécution pratique suffisamment prolongée.

Le résultat, déterminé par le nombre de points obtenus, est inscrit sur un état général portant les noms de tous les enfants de troupe du peloton, et contenant autant de colonnes, plus une, qu'il y a de matières donnant lieu à l'examen. Les points obtenus sont additionnés pour chaque élève.

La somme des points obtenus aux deux examens détermine le passage à une classe supérieure ou l'entrée dans l'armée, avec ou sans grade.

Lors de l'examen de sortie de l'École, il est tenu compte de la moyenne des cotes obtenues pendant les deux dernières années.

Le commandant de l'École fait parvenir au département de la guerre, le 20 septembre de chaque année, un état général résumant les deux examens pour chaque peloton ou classe, après y avoir inscrit sa proposition ou son avis sur le mérite de chacun.

A cet état seront annexés :

1° Un état de propositions pour faire renvoyer de l'École les mauvais sujets, s'il y a lieu.

2° Un état des jeunes gens reconnus trop faibles pour la carrière des armes, une proposition de les placer en apprentissage, ou de les renvoyer à leurs parents, suivant leur conduite.

Pour chaque enfant porté sur ces deux états, il est fourni :

a. Un extrait du registre matricule ;

b. Un extrait du livre de conduite ;

c. Un rapport motivé et détaillé ;

d. Un rapport du médecin, pour le cas de faiblesse reconnue.

3° Enfin, un état de propositions, concernant les jeunes gens à faire passer dans l'armée.

Ces états de propositions sont renvoyés au commandant de l'École, avec la décision du Ministre.

Les travaux d'examen sont évalués d'après le produit des deux cotes, l'une dite *de mérite,* l'autre dite *d'importance.* Les cotes de mérite expriment le jugement de l'examinateur sur le travail ; elles sont représentées par des nombres compris entre 0 et 20. Il est convenu, dans l'application des cotes de mérite, que l'idée de :

Parfaitement est attachée à		20 et 19
Très-bien	»	18, 17 et 16
Bien	»	15, 14 et 13
Assez bien	»	12, 11 et 10
Pas assez bien	»	9, 8 et 7
Mal	»	6, 5 et 4
Très-mal	»	3, 2 et 1

Le 0 correspond à l'absence de tout travail.

Les cotes d'importance expriment l'étendue du travail, sa difficulté et en général la valeur relative attachée par le gouvernement aux diverses branches d'étude.

Tableau de service.

	ÉTÉ.			HIVER.		
	SERVICE ORDINAIRE.	SERVICE DU JEUDI.	SERVICE DU DIMANCHE.	SERVICE ORDINAIRE.	SERVICE DU JEUDI.	SERVICE DU DIMANCHE.
Avant-midi.	Heures. Réveil à 5 1/2 Nettoyage des classes de 5 3/4 à 6 1/4 Étude de 6 1/4 à 7 1/4 Déjeûner à 7 1/4 Appel de propreté avant l'entrée en classe. Classe de 8 à 11 Exercice de 11 à 12 1/2 Dîner à 12 1/2	Heures. Le service du matin jusqu'à 11 heures comme celui des jours ordinaires. Danse, armes et musique instrumentale de 11 à 12 1/2 Dîner à 12 1/2	Heures. Réveil à 6 Déjeûner à 7 1/4 Appel de propreté avant le départ pour la messe. Messe à 8 Visite sanitaire générale après la messe. Peloton de punition ordinaire en sabots de 10 à 12 Dîner à 12 1/2	Heures. Réveil à 6 1/2 Nettoyage des classes de 6 3/4 à 7 3/4 Déjeûner à 7 1/4 Appel de propreté avant l'entrée au classe. Classe de 8 à 11 Exercice et musique instrumentale de 11 à [12 1/2] Dîner à 12 1/2	Heures. Le service du matin jusqu'à 11 heures comme celui des jours ordinaires. Musique instrumentale, danse et armes de 11 à 12 1/2 Dîner à 12 1/2	Heures. Réveil à 6 1/2 Déjeûner à 7 1/4 Appel de propreté avant le départ pour la messe. Messe à 8 Visite sanitaire générale après la messe. Peloton de punition ordinaire en sabots de 10 1/2 Dîner à 12 1/2
Après-midi.	Gymnastique, chant et escrime de 1 1/2 à 2 1/2 Classe de 2 1/2 à 4 1/2 Étude de 5 à 6 Danse, armes et musique instrumentale de 6 à 7 Souper à 7 1/2 Marche de 8 à 8 1/2 Retraite à 9 Appel à 9 1/2	Gymnastique, chant et escrime de 1 1/2 à 2 1/2 Inspection des literies à 1 1/2 Nettoyage des effets de 3 1/2 à 5 Promenade et exercice hors ville de 5 à 7 Souper à 7 1/2 Retraite à 9 Appel à 9 1/2	Étude de 2 1/2 à 4 1/2 Promenade de 5 à 7 1/4 En cas de mauvais temps la promenade sera remplacée par une étude libre de 5 1/2 à 6 1/2 et la fanfare jouera dans la salle de récréation de 6 3/4 à 7 1/4 Souper à 7 1/2 Retraite à 9 Appel à 9 1/2	Gymnastique, chant et escrime de 1 1/2 à 2 1/2 Classe de 2 1/2 à 4 1/2 Danse et armes de [4] 1/2 à 5 1/2 Étude de 5 1/2 à 6 1/2 Souper à 6 1/2 Étude de 7 à 8 Récréation de 8 à 9 Retraite à 9 Appel à 9 1/2	Inspection des literies à 1 1/4 Nettoyage des effets de 1 1/2 à 2 1/2 Promenade et exercice hors ville de [2 1/2 à 4 1/2] Nettoyage des effets de 4 1/2 à 5 1/2 Souper à 6 1/2 Étude de 7 à 8 Récréation de 8 à 9 Retraite à 9 Appel à 9 1/2	Promenade de 2 1/2 à 4 1/2 En cas de mauvais temps la promenade sera remplacée par une étude libre de 3 à 4 et la fanfare jouera dans la cour ou dans la salle de récréation de 4 1/2 à 5 Souper à 6 1/2 Étude de 7 à 8 Récréation de 8 à 9 Retraite à 9 Appel à 9 1/2

Discipline.

Les bases de la discipline, les dispositions générales (chapitre Ier), ainsi que l'exposé des transgressions de la discipline (chapitre II) du règlement en usage dans l'armée, sont applicables à l'École des enfants de troupe.

Les officiers peuvent infliger les punitions suivantes, directement ou à la demande des sous-officiers :

1º La privation d'un à quatre repas. (Le repas ordinaire est alors remplacé par un cinquième de pain. Les élèves ne sont jamais privés du repas du matin. Ils ne peuvent être au pain sec deux jours de suite. Le nombre des élèves au pain sec ne peut jamais dépasser douze).

2º Le peloton de punition, le dimanche et les jours de fête, d'un à quatre jours (ce peloton ne peut, dans aucun cas, être réuni durant plus de deux heures).

3º Les arrêts à la salle de police, d'un à huit jours, avec participation aux cours et aux exercices.

4º Le cachot d'un à quatre jours avec nourriture ordinaire ou de jour à autre au pain et à l'eau, sans participation aux cours et aux exercices.

Le commandant de l'École inflige les punitions suivantes, directement ou à la demande des officiers :

5º Le cachot extraordinaire de deux à quatre jours, au pain et à l'eau.

6º Le cachot extraordinaire pendant huit jours, de jour à autre au pain et à l'eau.

7º La privation de toute sortie de faveur d'un à trois mois.

8º La privation d'un à dix jours de vacances.

9º La privation entière des vacances.

10º La privation complète du galon de premier élève.

11º La réprimande donnée à l'ordre de l'École. Elle est toujours accompagnée de huit jours de cachot extraordinaire de jour à autre au pain et à l'eau, de la privation de toute sortie de faveur, pendant six mois, et de la privation de quinze jours de vacances. Cette punition précède le renvoi de l'École.

12° Le renvoi de l'École, à proposer au Ministre de la guerre, avec rapport motivé par le commandant de l'École.

Le commandant de l'École veille à ce que les peines soient, autant que possible, infligées graduellement, et suivant l'ordre d'importance fixé aux art. 49 et 50, les plus fortes ne devant être employées qu'envers ceux qui auront déjà subi plusieurs fois les plus faibles sans s'amender.

Ordinaire.

Les enfants de troupe mangent en commun dans une salle spéciale.

La distribution du pain se fait au moment du repas et par portions.

Les enfants font trois repas par jour aux heures indiquées au tableau.

Le premier consiste en tartines et en café au lait.

Le deuxième consiste en soupe, viande, pommes de terre ou légumes et pain.

Le troisième consiste en pain, pommes de terre avec légumes ou riz.

Le major Van den Bogaerde est parvenu à donner aux enfants un quatrième repas à 4 heures, repas qui n'existait pas avant. Il se compose d'un morceau de pain beurré et d'une tasse de thé.

Il y a à l'établissement une salle de bains et un appareil de douches.

Solde.

Le Gouvernement paie le pain, la viande et le couchage des élèves. Un tiers des enfants reçoivent la ration entière de 250 grammes de viande et 750 grammes de pain ; les autres ont 150 grammes de viande et 500 grammes de pain. La solde est de fr. 0-36 et est portée au ménage. Chaque élève a 5 centimes de deniers de poche ; cet argent est inscrit à son compte particulier ; une partie en est remise aux élèves lorsqu'ils partent en vacances, et leur décompte définitif leur est remis lorsqu'ils quittent l'École. Il leur est alloué, en outre, 13 centimes par jour à la masse d'habillement, ainsi qu'une première mise de 36 francs.

14

Observation.

Il serait à désirer que l'effectif des élèves fut porté de 250 à 400. Le nombre de 60 élèves, en moyenne, qui entrent annuellement dans l'armée est insuffisant pour les cadres d'une armée de 30 régiments de toutes armes.

Personnel.

Un major commandant.
Un capitaine.
Deux lieutenants.
Deux sous-lieutenants.
Un sergent-major.
Un sergent-fourrier.
Douze sergents.
Seize caporaux.
Un caporal clairon ou tambour.
Trois clairons ou tambours.
Deux cent cinquante enfants de troupe.
L'instruction est donnée par les officiers. Trois officiers sont encore détachés des régiments à l'École des enfants de troupe.

L'ÉCOLE DE TIR POUR L'ARTILLERIE.

Notre École de tir pour l'artillerie est de création récente. Elle est établie au polygone de Brasschaet et a pour but de former des officiers et des sous-officiers à même de donner l'instruction aux troupes d'artillerie, dans tout ce qui a rapport au service et à l'emploi des bouches à feu, notamment des bouches à feu rayées.

L'École de tir est placée sous la haute surveillance de l'inspecteur général de l'artillerie et commandée par un colonel ou lieutenant-colonel de l'arme.

Cours.

Il y a, par année, deux cours d'une durée de quatre mois environ. Le premier cours commence immédiatement après les exercices du polygone; le second huit jours après la clôture du premier.

Des conférences et des cours sont donnés par les officiers-professeurs et comprennent.:

L'instruction pour servir de guide dans l'exécution des corrections de tir;

L'examen des principaux éléments qui influent sur la probabilité d'atteindre avec nos canons rayés ;

Les aperçus sur la puissance de nos canons rayés ;

Les règles pour faire les corrections de tir avec nos canons rayés.

Le 1er régiment envoie à chaque cours deux officiers et deux sous-officiers. Les cinq autres régiments chacun trois officiers et trois sous-officiers.

L'École de tir dispose pour les besoins de l'enseignement et de l'instruction pratique, d'une collection de bouches à feu, d'affûts de voitures, de machines, de munitions et d'artifices de guerre.

Personnel.

Le personnel est fourni par l'état-major et les corps de l'artillerie, il comprend :

Un colonel ou lieutenant-colonel commandant.

Un officier supérieur adjoint et professeur.

Trois capitaines ou lieutenants, professeurs.

Un lieutenant-adjudant.

Un médecin.

Un officier-payeur.

Des sous-officiers et des employés pour la garde du matériel et des munitions, le service des divers locaux et les écritures.

Une batterie de campagne et une batterie de siège d'instruction. Ces batteries pourront être remplacées tous les ans.

L'ÉCOLE DE PYROTECHNIE.

(COMPAGNIE D'ARTIFICIERS.)

A l'exemple des puissances militaires étrangères, nous avons une compagnie d'artificiers.

La Prusse, elle en a deux, qui sont établies à Spandau. La nôtre est établie à Anvers.

L'École de pyrotechnie a pour directeur le colonel Splingard, et pour sous-directeur un major.

Cours des officiers.

Les leçons et les cours des officiers se donnent tous les jours, de 1 1/2 heures à 3 heures de relevée.

Les leçons sur les fabrications spéciales et la chimie appliquée à la pyrotechnie, sont données par le major sous-directeur.

Les leçons sur la fabrication des poudres de guerre sont données par un capitaine d'artillerie.

Les leçons et les cours se donnent dans l'ordre suivant :

Lundi, conférence ou travail en commission.

Mardi, leçons sur les fabrications spéciales.

Mercredi, manipulation au laboratoire de chimie pour le cours de chimie appliquée à la pyrotechnie.

Jeudi, leçons sur la fabrication de la poudre de guerre.
Vendredi, conférence ou travail en commission.
Samedi, leçons sur la chimie appliquée à la pyrotechnie.

Cours des sous-officiers.

Des leçons pratiques sont données par les maîtres-artificiers aux
sous-officiers et brigadiers de la compagnie, les lundis, mercredis et
vendredis, sur les fabrications qui s'exécutent à l'établissement; elles
ont lieu dans les ateliers une heure après l'achèvement des travaux.

Des leçons de chimie sont données les jeudis et samedis aux sous-officiers, aux brigadiers et aux artificiers, les plus intelligents de la
compagnie.

Ateliers, locaux & laboratoire de chimie.

Les travaux consistent dans l'exécution sur commandes, objets divers
de munitions et d'artifices. Chaque commande s'exécute sous la surveillance des officiers qui rendent compte des différentes opérations dans
un rapport-devis détaillé, à la fin de chaque travail.

L'officier de semaine est présent aux ateliers depuis le commencement
jusqu'à la fin du travail; les autres officiers sont présents de 9 à 4 heures.

La journée de travail est composée de deux reprises :

1re Reprise, de 8 à 12 heures.
12 à 12 1/2 id. repos.
2e   id.   12 1/2 à 4 id. de relevée.

La matinée du samedi est consacrée aux inspections et exercices.

Forge & chauffeurs.

Les mécaniciens et les aides travaillent de 6 heures du matin à 6
heures du soir. (Repos de 12 à 1). Les chauffeurs aux divers fourneaux
sont rendus à l'établissement une demi-heure avant le commencement
du travail, sous la surveillance du conducteur d'artillerie.

Personnel.

Un capitaine commandant.
Un lieutenant.
Un sous-lieutenant.
Un maréchal-des-logis-chef.
Huit maréchaux-des-logis.
Un maréchal-des-logis-fourrier.
Dix brigadiers.
Deux trompettes.
Vingt canonniers de 1re classe.
Soixante canonniers de 2e classe.

LES ÉCOLES RÉGIMENTAIRES.

L'enseignement donné dans les Écoles régimentaires est destiné à former des sous-officiers, des caporaux et des brigadiers. Un arrêté royal du 18 avril 1871, contre-signé par le Ministre de la guerre, le lieutenant-général Guillaume, porte adoption d'un nouveau règlement en vue de propager l'instruction dans l'armée.

Nos Écoles régimentaires ne sont pas de création récente. Elles servent depuis longtemps à former les cadres inférieurs de l'armée. Les services qu'elles ont rendus sont très-grands et très-appréciés par nos officiers, soucieux d'avoir de bons cadres. Le dernier arrêté tend surtout à régler l'instruction de façon que l'enseignement, dans chacun de nos établissements, soit parfaitement gradué.

Une instruction ministérielle du 3 mai 1871 explique les motifs qui ont conduit le lieutenant-général Renard, le prédécesseur du Ministre actuel, à placer nos Écoles régimentaires dans des villes privées de garnison. Ces considérants nous semblent devoir être donnés au public, attendu qu'ils sont une autre marque de la sollicitude de nos gouvernants pour les jeunes gens qui servent dans notre armée.

« Diverses considérations ont conduit mon prédécesseur à assigner aux Écoles régimentaires d'infanterie des villes privées de garnison. Il y a, en effet, un certain danger à réunir, dans la même caserne, les élèves des Écoles et les soldats des corps ; il y a évidemment avantage pour les Écoles, comme pour les officiers qui sont appelés à les diriger, à éviter ce contact et à être réunies à d'autres Écoles : le service, la surveillance, le travail et la manière d'être des jeunes gens y ont tout à gagner. D'ailleurs, la réunion de plusieurs Écoles dans un même local ne causera aucune entrave à l'action directe du chef de corps qui, aux termes du nouveau règlement, reste exclusivement chargé, sous la haute surveillance des généraux commandants de brigade et de division, de la direction supérieure de son École. La réunion de plusieurs de ces Écoles dans une même ville ou dans une même caserne conduira nécessairement à l'adoption de quelques mesures de police applicables au personnel tout entier des Écoles ainsi réunies, mais le service d'ordre sera réglementé par le commandant d'École le plus ancien de grade, lequel s'abstiendra soigneusement de toute ingérence dans le régime intérieur des autres Écoles.

» Il est plus que probable, d'autre part, que l'établissement des Écoles régimentaires d'infanterie dans les villes dépourvues de garnison exercera une heureuse influence sur le recrutement de l'arme.

» Les populations se font généralement une fausse idée de ce qui se passe dans le sein de l'armée. L'ordre et la propreté qui règnent dans la caserne, les soins donnés à l'instruction, la direction imprimée aux jeunes gens dans le but de les maintenir dans la bonne voie et de les préparer aux devoirs de leur profession, la sollicitude dont ils sont l'objet, sont des faits trop peu connus dans les familles.

» L'installation des Écoles régimentaires dans des villes où il n'existe pas de garnison aura nécessairement pour effet d'attirer sur ces établissements l'attention des habitants, et d'éveiller l'intérêt des pères de famille qui ont à se préoccuper de la carrière de leurs enfants. Lorsque les chefs de famille sauront que les jeunes gens des Écoles régimentaires vivent sous un régime qui veille à leur bien-être, à leur instruction, qui ne néglige aucun précepte d'hygiène morale et physique, qui, en un mot, s'attache à développer tout à la fois les forces du corps et celles de l'intelligence ; quand ils sauront de plus que les élèves des Écoles régimentaires forment la pépinière des cadres des sous-officiers, qui concourent plus tard avec l'École militaire à la formation du cadre des officiers, ils ne redouteront plus de confier leurs enfants à l'armée, et celle-ci, ayant des liens plus nombreux avec les familles des classes moyennes, y gagnera en popularité.

» Les commandants des Écoles régimentaires se prêteront donc, autant que possible, au désir des personnes qui voudraient se rendre compte de l'organisation et du régime intérieur des Écoles, en les admettant à visiter ces établissements.

» En ce qui concerne les Écoles de cavalerie, d'artillerie et celle du régiment du génie, il est nécessaire de les conserver, autant que possible, auprès des régiments, où les élèves sont plus à même d'acquérir l'instruction spéciale comme cavalier, artilleur ou mineur. »

Les Écoles régimentaires sont placées sous la direction supérieure des chefs de corps et sous la haute surveillance des officiers généraux commandants de brigade et de division. Elles sont divisées en deux pelotons et le peloton en deux sections.

Personnel.

Un capitaine.
Deux lieutenants ou sous-lieutenants.
Un sous-officier comptable.
Deux moniteurs généraux.
Un maître d'armes.

Le chef de corps a la faculté d'employer à l'École régimentaire, le nombre de sous-officiers qu'exige l'intérêt du service et de l'instruction. Toutefois, le nombre total des sous-officiers à attacher aux Écoles des régiments d'infanterie, est au maximum de onze; dans les autres armes, ce nombre est proportionné à l'effectif des élèves.

Le personnel de l'École régimentaire est emprunté aux cadres du régiment. Les Écoles des régiments de cavalerie, de l'artillerie et du génie, peuvent être dirigées par un officier d'un rang inférieur.

Choix des élèves.

Les chefs de corps apporteront le plus grand soin dans le choix des militaires à désigner pour suivre les cours; ils n'accorderont cette faveur qu'aux hommes qui, par leur bonne conduite et par leur intelligence, permettent d'espérer qu'ils seront en état de remplir les fonctions de caporal ou de brigadier et de sous-officier.

Enseignement.

L'enseignement est donné conformément à un programme d'études adopté par le Roi.

La durée des cours est fixée à deux ans, au maximum.

Les volontaires et les miliciens, qui possèdent les connaissances indiquées audit programme, ne sont pas tenus de suivre les cours de la première année.

Les méthodes d'enseignement, la distribution des heures du travail et la progression des études, sont l'objet d'un règlement particulier, approuvé par le lieutenant-général commandant la division.

Les commandants des Écoles régimentaires ont la direction et la police des classes.

Ils sont chargés de tout ce qui concerne le matériel et la comptabilité.

Ils ne relèvent, à cet égard, que du commandant du corps.

L'élève qui, ayant été admis à suivre les cours de première année, n'est pas jugé apte à suivre les cours de la seconde année, cesse de faire partie de l'École, à moins que le chef de corps ne juge qu'il existe des motifs pour faire une exception en sa faveur.

A la fin de chaque trimestre, le commandant de l'École adresse, au chef de corps, un rapport détaillé sur les progrès des élèves dans chaque branche d'instruction, sur le plus ou moins d'aptitude dont ils ont fait preuve et sur la conduite qu'ils ont tenue.

Il signale ceux qui, par mauvaise volonté, inaptitude ou inconduite, doivent être renvoyés de l'École pour rentrer dans leur compagnie.

Des examens ont lieu, chaque année, à la fin des cours, pour constater les résultats obtenus et l'aptitude de chacun.

Les examens sont faits par les officiers de l'École, en présence du chef du corps, qui aura ainsi l'occasion de procéder à une inspection détaillée du personnel de l'établissement, des locaux, etc.

D'après les résultats des examens, le chef de corps désigne les élèves qui sont admis à suivre les cours de la seconde année.

Les cours des Écoles régimentaires commencent et finissent chaque année, de manière que le personnel et les élèves de l'École puissent rentrer dans les rangs, à l'époque des grandes manœuvres.

Dans les régiments d'infanterie, les leçons sont données six fois par semaine, pendant toute la durée des cours.

Dans les régiments des autres armes, ces leçons sont données six fois par semaine, jusqu'à l'époque des travaux spéciaux ; pendant cette dernière période, le nombre de leçons par semaine est réduit à trois.

Le règlement dont il est fait mention plus haut, fixera la date de l'ouverture et de la clôture de l'année d'études et l'époque des examens.

Récompenses.

La récompense la plus éminente que l'on puisse décerner aux sujets méritants étant l'avancement, les chefs de corps se réserveront la possibilité de faire des nominations à la suite des examens ; les galons seront remis publiquement aux intéressés.

Des congés de faveur d'un mois, avec solde, pourront aussi être accordés, à titre de récompense, aux élèves qui se seront distingués par leur application, leurs progrès et leur bonne conduite.

Disposition finale.

Toute disposition antérieure et contraire au présent règlement est abrogée.

PROGRAMME DES ÉTUDES.

1ʳᵉ ANNÉE.

2ᵐᵉ SECTION. — 2ᵐᵉ PELOTON.

Langues française et flamande. — 1° Lecture, écriture.

2° Commencement de la première partie de la grammaire, y compris les conjugaisons orales.

3° Arithmétique. — Usage pratique de la numération et des quatre règles fondamentales appliquées aux nombres entiers. — Exercices.

1ʳᵉ SECTION. — 2ᵐᵉ PELOTON.

Langues française et flamande. — 1° Lecture, écriture.

2° Grammaire, 1ʳᵉ partie, exercices pratiques, analyse grammaticale du substantif, de l'article, de l'adjectif et du pronom.

3° Arithmétique. — Usage pratique de la numération et des quatre règles fondamentales appliquées aux nombres décimaux. — Connaissance pratique du système métrique.

4° Administration. — Notions élémentaires sur le ménage.

5° Dessin linéaire à vue. — Figures simples, tracé des états et des tableaux.

2ᵐᵉ ANNÉE.

2ᵐᵉ SECTION. — 1ᵉʳ PELOTON.

Langues française et flamande. — 1° Écriture. (Deux fois par semaine au plus, suivant les besoins de la section).

2° Grammaire complète. — Analyse grammaticale, analyse logique, exercices orthographiques.

3° Arithmétique. — Notions préliminaires d'algèbre et calcul algébrique appliqué aux monômes.

4° Premiers éléments de géométrie et dessin linéaire pour le tracé des figures.

5° Géographie. — Définitions des termes employés; géographie détaillée de la Belgique.

6° Histoire. — Introduction comprenant une esquisse largement tracée de l'histoire du pays depuis Charles-Quint jusqu'à nos jours. — Histoire de la Belgique depuis la révolution brabançonne (1790) jusqu'au règne de Léopold II. — Exposé sommaire de l'organisation politique et administrative de la Belgique. — Constitution belge.

7° Administration. — Tenue du livre de ménage.

8° Dessin à vue.

1ʳᵉ SECTION. — 1ᵉʳ PELOTON.

Langues française et flamande. — 1° Revue de la grammaire. — Exercices sur l'orthographe et sur le style. — Rédaction de rapports militaires.

2° Revue de l'arithmétique. — Algèbre jusqu'aux équations du 1ᵉʳ degré à une inconnue, inclusivement. — Problèmes.

3° Géométrie plane. — Les deux premiers livres.

4° Géographie de la Belgique. — Géographie générale de l'Europe.

5° Histoire de la Belgique depuis Charles-Quint jusqu'à la révolution brabançonne (1790).

6° Administration. — Tenue du livre de ménage. — Livres d'administration et de décompte.

7° Dessin à vue.

PARTIE MILITAIRE.

Les hommes des Écoles régimentaires de l'infanterie et de la cavalerie reçoivent une instruction militaire théorique et pratique.

La partie théorique comprend :

L'École du soldat,
L'École de compagnie,
Le guide du soldat.

La partie pratique comprend :

> L'École du soldat,
> L'École de compagnie,
> Le tir, les escrimes diverses,
> Les exercices et manœuvres.

Pour les cavaliers, l'instruction se donnera sur les Écoles correspondantes de la cavalerie.

Les hommes des Écoles régimentaires de l'artillerie et du génie reçoivent une instruction militaire théorique et pratique appropriée au service de leur arme.

NOTICE SUR LES COURS PARTICULIERS

DONNÉS DANS LES RÉGIMENTS.

I

Depuis des années, la question de l'enseignement était à l'ordre du jour dans notre armée. Nos colonels, nos généraux et nos ministres de la guerre lui prêtaient un appui et un concours qui marquaient toute l'importance qu'ils lui accordaient. Seulement si l'enseignement offrait cet avantage de réunir tant d'efforts et de concentrer une si grande somme d'intérêt, il n'en restait pas moins établi que ses résultats, dans l'application, n'étaient que partiels, et ne s'étendaient qu'à la classe privilégiée des volontaires et des miliciens, qui, arrivant sous les drapeaux, possédaient déjà certains éléments d'instruction. Là, était la lacune qu'il fallait combler. Après des mesures qui ne favorisaient que les heureux, ayant déjà quelques connaissances, il fallait adopter une mesure générale s'étendant surtout à ceux qui, sous le rapport de l'instruction, se trouvaient être classés parmi les déshérités. Pour atteindre ce résultat si envié, deux choses étaient nécessaires : d'abord la volonté d'un homme assez puissant pour vaincre les résistances que crée toujours l'esprit de routine devant tout progrès, et puis les fonds nécessaires pour parer aux difficultés matérielles de l'entreprise. Tous ces obstacles furent surmontés, et l'honneur d'avoir établi l'instruction obligatoire et gratuite pour nos soldats, d'avoir fait que l'armée est aujourd'hui le plus vaste établissement d'enseignement du pays, revient au lieutenant-général Goethals. Secondant les vœux des amis du progrès et repoussant les récriminations de gens fanatiques du passé, qui ne comprennent la discipline et le respect de toute autorité que rivés à l'ignorance, l'honorable lieutenant-général Goethals sut marcher résolument dans la voie indiquée par les premiers et montrer qu'il rangeait les craintes des derniers parmi les chimères d'un autre âge.

Comment d'ailleurs, dans un pays tel que le nôtre, où la Constitution proclame le droit pour les Belges d'arriver à tous les emplois, ne pas admettre le principe de l'instruction gratuite et obligatoire? En décrétant l'instruction dans l'armée, on n'a fait que rendre hommage à cette proclamation de la véritable égalité, et donner à ceux qui se sentent animés d'un goût réel pour l'étude et le métier des armes, accès à tous les grades et à tous les emplois. On verra par la notice que nous donnons ici que le soldat illettré peut arriver aux plus hauts grades et que la carrière militaire lui est ouverte de façon à le récompenser de chacun de ses efforts. La vieille expression qui voulait que chaque soldat eut dans son sac un bâton de maréchal, est encore vraie aujourd'hui. Seulement, cet encouragement à bien faire, qui s'appliquait d'une façon plus générale aux fatigues physiques du métier, et qui ne manquait pas d'un certain côté banal, prend aujourd'hui une extension plus grande, un sens plus sincère encore, et s'applique aussi aux connaissances si variées, réclamées par les perfectionnements apportés dans l'art de la guerre. Le besoin d'ailleurs, pour les armées, d'avoir des soldats intelligents, instruits, est, indépendamment de l'avantage que chacun a d'arriver à tous les degrés de la hiérarchie militaire, d'une absolue nécessité. L'évidence en a été démontrée d'une façon si incontestée par les derniers événements, qu'il ne nous paraît pas nécessaire de nous appesantir sur ce sujet. Il nous suffira de dire, pensons-nous, qu'il est non-seulement d'application aujourd'hui de faire concourir les soldats au but final de toute action de guerre, — lequel est la victoire, — mais encore de les initier aux détails mêmes de l'action. A la force, au nombre et à la valeur, qualités qu'on réclamait naguère des masses, on réclame aujourd'hui l'intelligence.

Au point de vue de la discipline, l'instruction et l'éducation, répan
dues dans l'armée, offrent encore d'immenses avantages. Répondrons-
nous aux gens qui veulent voir dans la diffusion de l'instruction, une
série de catastrophes, un danger pour l'ordre social, une cause de désor-
ganisation des armées? Non. Il est heureusement bon nombre de gens
qui savent que l'instruction et l'éducation fortifient le jugement, adou-
cissent les mœurs, augmentent la considération et le respect dûs à
l'âge, au travail et au talent, pour que nous tentions cette démonstration de l'évidence. Au surplus, les rigueurs si cruelles d'autrefois sont
complétement abandonnées; et les moyens coërcitifs de nos jours, ont
diminué dans une proportion telle que la statistique des dernières
années suffirait à elle seule pour convaincre ceux qui, de parti arrêté,
ne doutent pas des bienfaits des idées modernes.

Nos régiments ont tous organisé des cours pour les illettrés. Ces
cours sont suivis avec assiduité et les efforts des officiers et des sous-
officiers professeurs sont couronnés de succès. Après deux ans passés
sous les armes, les miliciens qui retournent dans leurs foyers savent
tous, à de rares exceptions près, lire, écrire et calculer. Différentes
théories leur sont encore faites dans les chambres et sur le terrain.
Ces dernières théories, outre les exercices pratiques, ont souvent pour
objet la configuration et la description du pays, la manière de s'orienter,
le nom et l'utilité de chacune des choses qu'ils voient. Les théories
dans les chambres sur les règlements militaires, ont encore pour
objet la géographie et les institutions de la Belgique, l'histoire
nationale, la politesse et les marques de respect. Les soldats flamands
apprennent le français, et les soldats wallons, en plus petit nombre,
le flamand. De cette façon, chacun des moments passés sous les armes
est utilement employé.

Les Écoles régimentaires, dont nous avons déjà parlé, forment les
caporaux et les sous-officiers. Des cours du soir sont également orga-
nisés et fréquentés par les militaires qui ne peuvent tous suivre l'École
régimentaire. Des cours spéciaux sont donnés aux sous-officiers qui
désirent entrer à l'École de Bruges ou qui veulent se préparer à l'examen de sous-lieutenant. Enfin, pour les lieutenants et les sous-lieutenants, des leçons particulières, des cours de langues étrangères, des

conférences, ont lieu chaque jour. Un programme d'examen est imposé pour les grades de lieutenant et de capitaine d'infanterie et de cavalerie, et c'est principalement en vue d'en faciliter l'étude que les conférences et les cours ont été institués. Il n'est pas de militaires à tous les degrés de la hiérarchie, qui ne soient astreints à travailler, les uns comme élèves, les autres comme professeurs.

Dans nos armes spéciales, les sous-officiers peuvent prétendre au grade de sous-lieutenant sans passer par notre École militaire, mais des examens rigoureux leur sont imposés; et dans les régiments d'artillerie et du génie comme dans les régiments d'infanterie et de cavalerie, des cours et des conférences ont lieu chaque jour. Les officiers nommés dans ces conditions, ont encore des examens à passer pour l'obtention des grades de lieutenant et de capitaine.

II

Par un rapport soumis au Roi et approuvé le 27 mai 1871, le lieutenant-général Guillaume, ministre de la guerre, fit consacrer la plupart des mesures prises par le lieutenant-général Goethals, en faveur de l'instruction obligatoire dans l'armée.

Nous citerons un des considérants les plus intéressants de ce rapport qui marque les résultats que le Gouvernement attend de l'obligation qu'il impose à chaque soldat de savoir lire, écrire et calculer :

« L'armée, ainsi appelée à réparer les effets de l'imprévoyance et de l'abstention des familles et des communes, joindra à l'avantage d'améliorer son contingent annuel, celui de pourvoir, dans les limites de ses moyens, à la nécessité de répandre de plus en plus l'instruction dans les masses. »

Les cours des illettrés se donnent aux heures les plus favorables à l'étude, cinq fois par semaine du 1er octobre au 31 mars et deux fois par semaine du 1er avril au 30 septembre. Ils sont suspendus pendant la durée des inspections générales et des grandes manœuvres.

L'École, dans chaque régiment, comprend deux sections : celle des Flamands et celle des Wallons. Chaque section est divisée en classes de

20 élèves. Les miliciens illettrés de la dernière levée ne sont pas tenus à la fréquentation régulière des cours, aussi longtemps qu'ils se trouvent dans la période de l'instruction individuelle du jeune soldat.

Des locaux sont appropriés dans les casernes pour être affectés aux écoles ; ces locaux sont convenablement meublés, chauffés et éclairés. Une somme suffisante est allouée annuellement à ces diverses fins. Les frais d'achat des livres, papiers et autres accessoires nécessaires sont également prélevés sur cette somme.

L'École est dirigée par un capitaine ou par un lieutenant ; la section par un lieutenant ou un sous-lieutenant, la classe par un sous-officier moniteur. A la fin de chaque trimestre, l'officier dirigeant l'École adresse au chef de corps un rapport détaillé sur les résultats obtenus dans chaque branche de l'enseignement.

Dans chaque régiment, le lieutenant-colonel surveille encore les différents cours ; les soins actifs dont ils sont l'objet, le zèle des officiers directeurs et des sous-officiers moniteurs, et la bonne volonté des soldats ont amené des résultats inespérés.

III

L'École de guerre, l'École militaire, les conférences et les cours spéciaux donnés aux officiers dans les régiments constituant l'enseignement supérieur de l'armée, un rapport adressé au Roi par le lieutenant-général Guillaume et approuvé le 12 avril 1871, régla l'enseignement inférieur, c'est-à-dire celui donné dans les régiments aux caporaux et aux sous-officiers.

Le lecteur aura vu à l'article intitulé « *Les Écoles régimentaires* » ce qui a été fait dans l'armée en vue de former des sous-officiers, des caporaux et des brigadiers. Nous allons donner ici les règles établies dans chaque régiment d'infanterie et de cavalerie en vue de préparer les sous-officiers à l'examen exigé pour entrer à l'École spéciale des sous-officiers.

Les cours particuliers pour les sous-officiers sont facultatifs et la durée en est fixée à deux ans. Des examens ont lieu après la première année, et l'élève, pour être admis à suivre les cours de la deuxième année, doit avoir atteint la moyenne générale des points attribués aux diverses branches du programme. Il faut encore qu'il mérite cette faveur par sa conduite et son application.

Après la deuxième année d'études, de nouveaux examens ont lieu pour constater quels sont les élèves qui ont satisfait au programme imposé. Ceux qui n'y ont pas satisfait peuvent être admis à la doubler, ou cessent de faire partie du cours.

Les sous-officiers qui suivent les cours particuliers ne sont pas exempts de service, mais les chefs de corps règlent l'emploi du temps de manière que l'après-midi puisse être consacrée aux études. Ceux qui sont âgés de moins de 30 ans et qui ne suivent pas les cours particuliers, sont astreints à suivre les cours d'une école du soir, jusqu'au moment où leur instruction militaire est complète. On voit que tous les sous-officiers sont contraints à fréquenter les cours, quelle que soit la position à laquelle ils prétendent. Tous, et le nombre en est grand, n'arrivent pas au grade d'officier, mais l'instruction qu'on leur donne les met à même de tenir honorablement leur emploi dans les régiments et dans les différents services publics, où, par un arrêté royal récent, on les admet, à l'expiration de leur terme de service, de préférence aux candidats civils (1).

Les cours sont donnés aux sous-officiers par des officiers désignés par les colonels, avec l'approbation des généraux.

L'École des sous-officiers n'a été instituée que pour l'infanterie et la cavalerie. Dans les régiments d'artillerie et du génie, des arrêtés royaux du 26 novembre 1845, du 6 avril 1849, du 16 mars 1860 et du 20 avril 1870, ont fixé successivement les conditions exigées des sous-officiers qui aspirent à l'avancement.

Les examens imposés portent le nom d'examen n° 1 et d'examen n° 2. Les programmes n° 1 comprennent les connaissances exigées pour l'admission au grade de sous-lieutenant, des sous-officiers qui, comptant au moins six années de service actif et quatre années de grade de sous-officier, ont acquis, par leur conduite et leur manière de servir, des

(1) Arrêté royal du 29 juillet 1871.

titres à l'avancement. Les programmes n° 2 sont obligatoires pour les
sous-officiers qui, ne comptant pas six années de service, ont mérité
d'être admis à l'examen pour l'avancement au grade de sous-lieutenant.
Les examens n° 1 et les examens n° 2 sont encore précédés d'un examen
comprenant les connaissances théoriques et pratiques exigées des sous-
officiers. Un jury, nommé annuellement, dans chaque régiment, délivre
des diplômes aux sous-officiers qui ont satisfait à cet examen préparatoire.

Enfin, en ce qui concerne les sous-officiers qui aspirent au grade de
garde d'artillerie de 3e classe, un arrêté royal du 19 février 1872, contre-
signé par le lieutenant-général Guillaume, approuve le programme des
connaissances exigées pour l'obtention du dit grade. On pourra se convaincre que dans chacune de nos armes et dans chacun de nos corps,
nul ne peut être admis au rang d'officier, sans avoir passé un examen
rigoureux. Nous pouvons ajouter que l'examen est aujourd'hui la règle,
et qu'il n'est pas de grade pour lequel il ne soit imposé.

IV

L'article 8 de la loi du 16 juin 1836 sur le mode d'avancement dans
l'armée, porte que la moitié des emplois vacants de lieutenant et de
capitaine est accordé à l'ancienneté; l'autre moitié est au choix du Roi.

Les conditions qui réglaient le choix ayant été longtemps mal com-
prises ou mal définies, il en résultait que le Gouvernement et les
officiers manquaient de garanties suffisantes. Il était difficile, en effet,
de constater, d'une manière uniforme, les connaissances des candidats,
lorsque les examens à passer n'étaient pas les mêmes pour tous. C'est
en vue de lever ces difficultés, qu'un arrêté royal du 30 juin 1871,
contre-signé par le lieutenant-général Guillaume, approuva les programmes des examens que les sous-lieutenants et les lieutenants
d'infanterie et de cavalerie auraient à subir, pour être admis comme
candidats à l'avancement au choix.

Cet arrêté porte que nul sous-lieutenant d'infanterie ou de cavalerie
ne sera proposé pour l'avancement au choix s'il n'a satisfait à un examen
appelé examen A ;

Que nul lieutenant d'infanterie ou de cavalerie ne sera proposé pour le même avancement au choix s'il n'a satisfait à un examen B et B' (1) ;

Qu'aucun lieutenant ne pourra être admis à l'examen sur le programme B ou B', s'il n'a subi avec succès les épreuves sur les matières du programme A ;

Que les officiers sortis de l'École militaire ou de l'École spéciale des sous-officiers sont dispensés de l'examen A ;

Que les officiers ayant une année de grade pourront être admis à l'examen, sur leur demande appuyée par le chef de corps ;

Que ceux qui auront encouru une punition grave ne pourront être admis à l'examen qu'en vertu de l'autorisation spéciale du Ministre de la guerre ;

Et qu'une commission nommée dans chaque division, présidée par le chef d'état-major et composée d'officiers supérieurs et de capitaines, au nombre de quatre, se réunira aux époques à déterminer par le Ministre de la guerre.

Les nouvelles conditions, imposées par cet arrêté royal, mettaient les chefs de corps dans l'obligation de créer des cours scientifiques dans le régiments, indépendamment des conférences prescrites par les circulaires du 25 octobre 1868, du 1er décembre 1868, du 6 novembre 1869 et du 13 avril 1871, laquelle ordonne de ne pas interrompre, pendant l'été, les conférences régimentaires, et recommande l'étude des langues étrangères et l'organisation de cours facultatifs préparatoires à l'École de guerre. Ces cours ont été institués et suivis avec application. L'avancement qui, jusqu'à présent n'avait lieu, dans bien des cas, que sur une présomption d'instruction, est aujourd'hui entouré de garanties sérieuses. Les conférences et les cours sont donnés dans les régiments par des officiers, et ont lieu le matin. Les cours de langues, de littérature et d'histoire sont facultatifs.

Quant aux officiers des armes de l'artillerie et du génie, qui n'ont pas passé par l'École militaire, ils ont à subir différentes épreuves, selon qu'ils auront passé les examens nos 1 et 2 imposés aux sous-officiers.

---

(1) B' pour les lieutenants de cavalerie.

Pour être promus au grade de lieutenant au choix, les sous-lieutenants doivent avoir satisfait au programme n° 2.

Les programmes n° 3 comprennent les connaissances exigées pour l'obtention du grade de capitaine au choix.

Enfin, les programmes n° 4 comprennent les connaissances exigées des lieutenants pour l'obtention du grade de capitaine à l'ancienneté.

V

On remarquera d'après ce qui précède, que l'instruction à tous les degrés est donnée dans notre armée. Chaque régiment est une école, par laquelle on peut arriver à tous les grades, ou encore par laquelle on peut passer pour entrer dans un de nos grands établissements d'instruction militaire. De nombreux encouragements, comme on le voit, sont décernés aux plus intelligents. Les garanties d'impartialité et de justice qu'offrent les examens, écartent le favoritisme; et si la fortune et le rang peuvent être des qualités, c'est lorsqu'ils sont accompagnés du savoir, de l'application et de la bonne conduite.

Nous avons parlé jusqu'ici des études et des avantages qu'elles réservent aux jeunes gens studieux. Nous avons omis de dire qu'elles ne sauraient constituer un titre à l'avancement, si elles ne sont jointes aux autres qualités qu'on est en droit de réclamer des militaires.

TABLE DES MATIÈRES.

PRÉFACE.

www.ingramcontent.com/pod-product-compliance
Lightning Source LLC
Chambersburg PA
CBHW071809090426
42737CB00012B/2012